SNS をめぐるトラブルと労務管理

事前予防と事後対策・書式付き

村田浩一・大村剛史・高　亮・渡辺雪彦［著］

発行 民事法研究会

第２版刊行にあたって

Twitter や Facebook、Instagram といった SNS（ソーシャル・ネットワーキング・サービス）は、個人の自己表現、私的な連絡ツールを超え、近時では世論形成や選挙でも大きな影響力をもつとされ、企業にとっても内部の連絡ツール、広告その他の情報発信ツール、消費者とのコミュニケーションツールなどとして不可欠の存在といえます。

他方で、SNS には、内容を熟慮しないまま投稿してしまう、誹謗中傷や情報漏えいといった問題のある投稿がなされる、炎上することがある、一瞬で全世界に投稿が拡散し回収ができない、投稿者が特定され個人情報が消せなくなる（いわゆる「デジタルタトゥー」）、投稿の対象となったり投稿者を雇用する企業の信用・財産に大きな損害を及ぼすおそれがある、といった危険性があり、取扱いに注意も必要です。

平成23年ごろに従業員による SNS をめぐる不祥事が多発し、SNS の危険性や「バイトテロ」との言葉が広く知られ、企業でも一定の予防策は講じていますが、その後も SNS をめぐるトラブルはなくならず、平成31年２月ごろにも飲食チェーン店を中心に、従業員が Instagram のストーリーズなどに不適切動画を投稿し、これが Twitter 等で拡散するネット炎上事件が多発し、あらためて「バイトテロ」「バカッター」「バカスタグラム」が話題になりました。本書発刊の直前の令和３年６月にも、動画による「バイトテロ」が立て続けに社会問題となっています。

こうした状況を反映して、近時では、リツイートを違法とする裁判例が出されたり、SNS 上での誹謗中傷をめぐってプロレスラーが自殺する事件や、自己を中傷するツイートに「いいね」を押されたことで名誉を傷つけられたとして損害賠償を請求する訴訟が提起されるなど、SNS に関する問題は拡大しています。

また、コロナ禍の中急激に拡大したテレワークにより情報漏えい等のリスクが増大したり、働き方改革の影響もあり、SNS による副業といった新たな問題も出てきています。

さらに、令和３年４月21日にはプロバイダ責任制限法の一部が改正され、インターネット上の誹謗中傷などによる権利侵害について円滑に被害者救済を図るため、発信者情報開示について新たな裁判手続が創設されました。

本書では初版と同様、SNSをめぐる法律問題について概説し（１章）、予防、研修時などに役に立つよう、SNSをめぐるトラブルを類型化し（２章）、事前予防（３章）、対社外・対社内の事後対応（４章）を解説し、ケーススタディ（５章）、関連書式（６章）、用語集を掲載し、第２版では新たに副業等の諸問題についても解説、ケーススタディを加えています。人事部、総務部、法務部のみならず広報部などでも本書をご参考にしていただき、トラブル予防やトラブル後の適切な対応の一助にしていただければ幸いです。

また、本書は平成25年に小職が「ソーシャルメディア時代の従業員のインターネット利用管理」と題するセミナーを開催した際、株式会社民事法研究会の代表取締役田口信義様に刊行の機会をいただいたものです。このような貴重な機会をいただいた田口様、刊行、改訂にあたってご尽力いただいた同社取締役編集部長田中敦司様、その他取材、アンケートへのご協力等本書の刊行にあたりお力添えを賜った多くの皆様に厚く御礼を申し上げます。

令和３年７月

著者を代表して

弁護士　村　田　浩　一

『SNSをめぐるトラブルと労務管理〔第2版〕』

目　　次

第1章　SNSをめぐる労務管理の現状

第2章 SNSをめぐるトラブル例とリスク

第3章 SNSをめぐるトラブルの予防策

第4章　SNS 上の情報発信トラブルに対する企業の事後対応

第5章　ケースで学ぶ対応の実際

第6章 関連書式

第1章

SNSをめぐる労務管理の現状

1　SNS とは

本書のメインテーマである SNS とは、Social Networking Service（ソーシャル・ネットワーキング・サービス）の略称で、登録した利用者だけが参加できるインターネットの Web サイトのことであり、Twitter、Facebook、LINE、Instagram 等が著名である。タイムラインの表示、匿名か否か、情報公開の範囲をどのようにするか、といった点でサービスに違いがあり、各自がその設定を変えることもできるが、他のインターネット表現と同様に、情報が世界中に一瞬で広がる可能性やいったん広がった情報を完全に削除することができなくなるおそれがある。また、匿名で利用していたとしても、他の媒体等で公表されている情報等と組み合わせることにより個人が特定されるおそれもある。

SNS は、ソーシャルメディアというインターネット上で展開される情報メディアの一類型である。以下、ソーシャルメディアの他の類型（電子掲示板、ブログ）にも簡単に触れながら、SNS の特性や機能、また、特に SNS のトラブルが多く生じている Twitter、Facebook、Instagram の特性や機能等について説明し、ソーシャルメディアの危険性やリスク等についても説明する。

2　ソーシャルメディアの代表例[1]

⑴　電子掲示板

電子掲示板（BBS = Bulletin Board System）とは、不特定多数の利用者が自

1　各ソーシャルメディアのウェブサイトのほか、第二東京弁護士会編『ソーシャルメディア時代の個人情報保護 Q&A』（日本評論社、2012年）162頁以下、清水陽平『サイ

由にアクセスして、記事や意見の書き込みおよび閲覧・情報交換・議論等を行える、コンピューターネットワーク上の仕組みのことをいう。有名なものとして、「5ちゃんねる」（かつて「2ちゃんねる」と呼ばれていた）、「Yahoo!知恵袋」、「発言小町」、「教えて！ goo」などがある。

ほとんどの場合、投稿に実名ではなくハンドルネームやIDが用いられ、匿名の者による名誉毀損等の問題を生じている。不特定多数の者に閲覧され、誰でもコメントの投稿ができるため、投稿に対して非難するコメントが殺到するおそれや、言い合いになるおそれ（いわゆる「炎上」）もある。

⑵　ブログ

ホームページ上に書き込む日記等を広くブログと総称している。有名なものとして、アメーバブログなどがある。

電子掲示板と同様、不特定多数の者に閲覧されるため、記載内容によっては他者との間でトラブルになるおそれがあるうえ、コメント欄に他者が投稿できる場合、投稿に対して非難するコメントが殺到するおそれや、言い合いになるおそれ（いわゆる「炎上」）もある。

⑶　SNS

SNS（ソーシャル・ネットワーキング・サービス）とは、広義には「インターネット上で社会的ネットワークを構築できるサービス」のことをいい、狭義には「会員制のウェブサイト上で、名前、職業、趣味、嗜好等の個人の情報の掲載や友人の紹介等の機能を提供するコミュニティ型サービス」をいう。

有名なものとして、Twitter、Facebook、LINE、Skype、Google+、Instagram、mixi、LinkedIn などがある。日本国内のユーザー数は、Facebook が2600万人（2019年）、Twitter が4500万人（2019年）、LINE が8400万人（2020年６月）、Instagram が3300万人（2019年）とのことである[2]。なお、直近では、短時間

ト別　ネット中傷・炎上対応マニュアル〔第３版〕』（弘文堂、2020年）128頁以下等を参考にした。

の動画を投稿・配信できる TikTok の利用者も急増している（それに従い、TikTok による不適切動画も問題となっている)。

会員制、紹介制、登録制が多く、節度をもった発言が期待される反面、個人や属性が特定されることにより、利用者の個人情報の漏えい等の問題も生じ得る。

機能として、友達（つながり）をもつことができる、勤務先を登録・公開できるものがある、位置情報を登録・公開できるものがあるという特徴があり、便利な反面、後述第2章Ｉ１・２の情報漏えいや、同６の執拗な友達申請、ソーシャル・ハラスメントにも注意する必要がある。

㋐　Twitter

Twitter（ツイッター）とは、自分専用のアカウントをもつ利用者が「つぶやき（ツイート)」を140文字以内（日本語等は対象外であるが、280字以内になるなど現在一部緩和されている）の短文で投稿する情報サービスのことである。

特徴的な機能として、フォロー（特定のユーザーのツイートを自分のホーム画面に表示させること）は原則として承認制ではなく、まったく知らない人にフォローされることがあることや、リツイートといって、他のユーザーのつぶやき（ツイート）を引用形式で自分のアカウントから発信できることが挙げられる。

後述する TSUTAYA 事件、まんべくん事件、成田国際空港事件、泰尚（そば屋）事件など、SNS による不祥事の著名なものは多くが Twitter の利用に関するものであり、注意が必要である。当人も気が付かない間に非常識な考えや人に知られてはいけない話を暴露してしまうこともあり、「バカッター」、「バカ発見器」と揶揄されている。

㋑　Facebook

Facebook は、Facebook, Inc が運営している世界最大の SNS である。実

2　各 SNS の発表のほか、ガイアックスソーシャルメディアラボ「2020年８月更新！12のソーシャルメディア最新動向データまとめ」〈https://gaiax-socialmedialab.jp/post-30833/〉等を参考にした。

名登録制となっており、個人情報の登録も必要となっているため[3]、しばしば「実名制」のSNSといわれる。

文字や画像を投稿すること、友人（Twitterと異なり、原則として相手の承認が必要）等の投稿を閲覧すること、友人とメッセージのやりとりをすること、グループを作成しグループ内でやりとりをすることもできる。

(ウ) Instagram

Instagram（インスタグラム）は、Facebook, Incが運営している無料の写真共有型のSNSである。Twitter同様、フォローは承認制ではない。平成29年には、Instagramに投稿する写真として適した見栄えのよさを意味する「インスタ映え」という言葉がユーキャン新語・流行語大賞に年間大賞に選ばれている。他方で、写真映えのために迷惑行為やマナー違反をするケースや、危険行為を行い死亡事故に発展したケースもある。ストーリーズという、24時間で自動で消滅する短時間の動画や写真を共有する機能もあるが、後述する平成31年2月ごろに飲食チェーン店を中心に発生したネット炎上事件には、このストーリーズへの投稿が拡散されたケースが多くみられる。

3　ソーシャルメディアの危険性

(1) 危険性

ソーシャルメディアの危険性として、以下を指摘することができる。

- タイムリーに投稿ができる一方で、内容を熟慮しないまま投稿してしまう。
- （匿名のものの場合）匿名性ゆえに無責任な発言がなされる。
- 誹謗中傷や個人情報漏えい、企業の機密情報漏えいといった問題のあ

3　Facebook利用規約〈http://www.facebook.com/terms.php?ref=pf〉。

る投稿がされる。

・　電子掲示板やコメント欄などで、投稿に対して非難するコメントが殺到したり、言い合いになる（いわゆる「炎上」）。

・　公開対象が不特定となっている場合に情報漏えい等の被害が拡大する。

・　削除後も投稿が拡散する（投稿された内容はコピーが容易なので、削除前に閲覧者がすでにコピーをしていた場合、投稿を削除しても効果がなく、一度ウェブ上に掲載した情報を回収することはほぼ不可能である）。

・　利用者が複数のソーシャルメディアを利用している場合に、複数のソーシャルメディア上の情報を組み合わせるなどし、投稿者の氏名や企業名、顔写真、交友関係まで特定される。

⑵　企業のリスク

企業として所持している Twitter 等のアカウント（以下、「公式アカウント」ということもある）で不適切な投稿がなされた場合、企業の責任が問われることは言うまでもない。

ただ、そのような場合でなく、従業員個人のアカウント（以下、「個人アカウント」ということもある）で、企業の指示等もなく、業務時間外・企業外という、企業の指揮監督が及びにくい状況で不適切な投稿がなされ、その投稿と勤務先である企業が結び付けられた場合、当該企業の信用等は大きく傷つけられる。たとえば、不適切な投稿をした社員が所属する企業に対して、従業員教育や情報管理がなされていないと感じ、当該企業に嫌悪感や拒否感を抱く者もいるだろう。

このような信用等が毀損されるリスクについて、

・　不祥事が広まれば広まるほどリスクが大きくなる

・　投稿された情報がデマであった場合、そのような状況の究明がなされればリスクは小さくなり得るが、投稿された情報が事実であった場合、リスクが大きくなる

・　被害者がいる場合に被害者に謝罪することや、社会に対して状況・原

因等の説明をすること、従業員の処分等を適切に行うこと等により企業のイメージが守られることもある

といった分析が可能で、第3章では、リスクを予防するための方策（規程・ガイドライン等の整備、チェック体制の構築、社員教育、誓約書の徴収等）について、また、第4章では、リスクを小さくするための事後対応（調査、公式発表（プレスリリース等）、懲戒処分、損害賠償請求等）について説明する。

(3)　企業が経験したソーシャルメディアでのトラブル内容

企業が経験したソーシャルメディアでのトラブル内容については、やや古い統計であるが、次頁〈図表1〉の統計[4]がある。

これによると、18.2％の企業が「ソーシャルメディアにおける社員による顧客や他者に対する誹謗・中傷からトラブルが発生したことがある」と回答し、9.1％の企業が「社員の個人アカウントから情報漏洩が発生したことがある」、「その他社員の個人アカウントが原因でトラブルが発生したことがある」と回答しており、トラブルを経験したことがある企業は少なくない。特に情報漏えいについては、テレワークの普及により、個人でSNSを利用している端末に企業の情報を保存し、情報が漏えいするケースが出てくることが懸念される。業務に個人の端末を使用させないとか、個人の端末等に企業の情報を保存させないなどの情報管理が重要になると考える。

(4)　ソーシャルメディアに対する企業の対応の実態

ソーシャルメディアに対する企業の対応の実態については、やや古い統計ではあるが、次々頁〈図表2〉の統計[5]がある。

統計がやや古く、現在では多少改善されていると思われるが、この統計に

4　株式会社トライバルメディアハウスほか編著『ソーシャルメディア白書2012』（翔泳社、2012年）のアンケート結果。なお、「上級活用企業」、「活用中期企業」、「活用初期企業」というのは、同文献の中で、ソーシャルメディア活用度分類のための七つの設問を設定し、その回答に応じて企業を分類したもの。

5　前掲〈注4〉のアンケート結果。

〈図表１〉 経験したソーシャルメディアでのトラブル内容（活用度別）

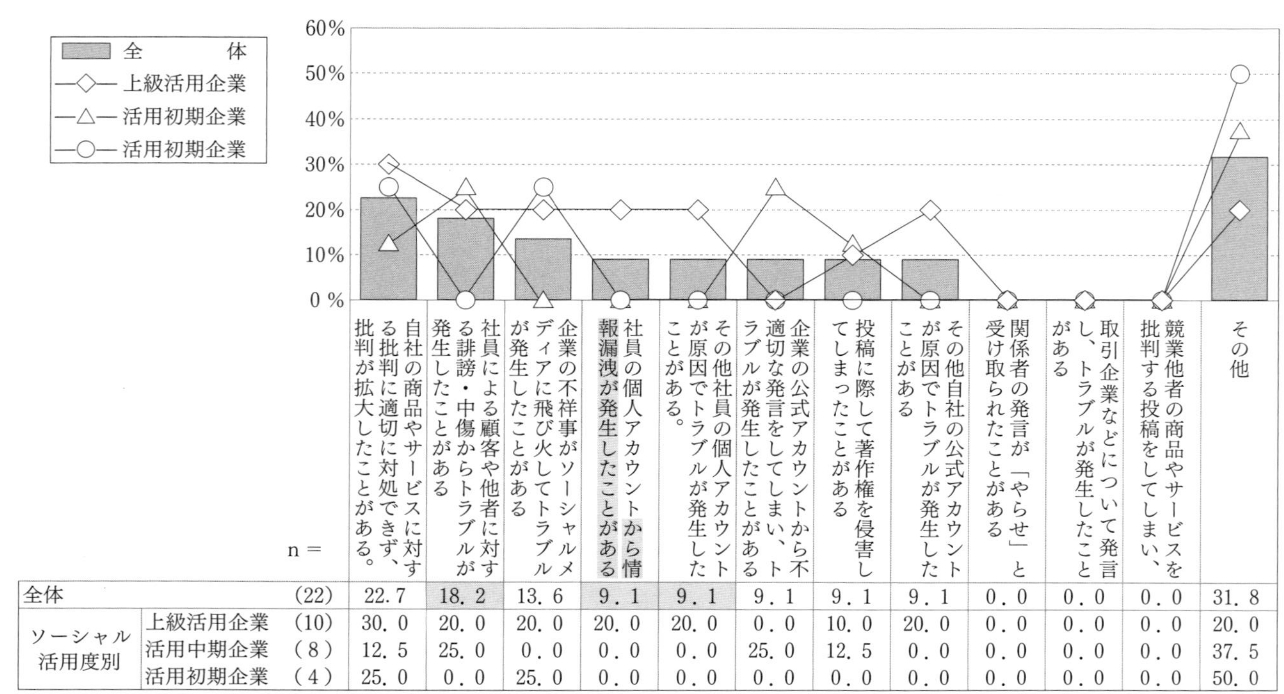

		n =	自社の商品やサービスに対する批判に適切に対処できず、批判が拡大したことがある。	社員による顧客や他者に対する誹謗・中傷からトラブルが発生したことがある	企業の不祥事がソーシャルメディアに飛び火してトラブルが発生したことがある	社員の個人アカウントから情報漏洩が発生したことがある	その他社員の個人アカウントが原因でトラブルが発生したことがある。	企業の公式アカウントから不適切な発言をしてしまい、トラブルが発生したことがある	投稿に際して著作権を侵害してしまったことがある	その他自社の公式アカウントが原因でトラブルが発生したことがある	関係者の発言が「やらせ」と受け取られたことがある	取引企業などについて発言し、トラブルが発生したことがある	競業他者の商品やサービスを批判する投稿をしてしまい、	その他
全体		(22)	22. 7	18. 2	13. 6	9. 1	9. 1	9. 1	9. 1	9. 1	0. 0	0. 0	0. 0	31. 8
ソーシャル活用度別	上級活用企業	(10)	30. 0	20. 0	20. 0	20. 0	20. 0	0. 0	10. 0	20. 0	0. 0	0. 0	0. 0	20. 0
	活用中期企業	(8)	12. 5	25. 0	0. 0	0. 0	0. 0	25. 0	12. 5	0. 0	0. 0	0. 0	0. 0	37. 5
	活用初期企業	(4)	25. 0	0. 0	25. 0	0. 0	0. 0	0. 0	0. 0	0. 0	0. 0	0. 0	0. 0	50. 0

※文字の網掛けは本文で参照している箇所を示す。なお、「上級活用企業」、「活用中期企業」、「活用初期企業」というのは、同文献の中で、ソーシャルメディア活用度分類のための七つの設問を設定し、その回答に応じて企業を分類したもの。

〈図表２〉　ソーシャルメディアのリスク対策（活用度別）

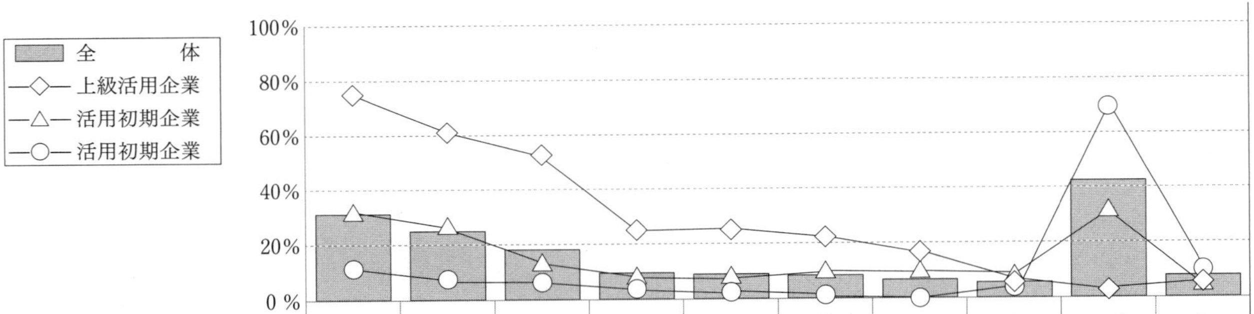

	n =	公式アカウント運用者向けガイドラインを策定している	一般社員向けガイドラインを策定している	公式アカウントの開設・運用について申請・手続きルールが明確になっている	公式アカウント運営者向けトレーニングを実施している	一般社員向けトレーニングを実施している	炎上や災害時に組織横断的な手続き、ワークフロー、エスカレーションの体制が整っている	リスク（炎上）対策マニュアルを策定している	その他	今のところ対策は講じていない	わからない
全体	(176)	31．3	25．0	18．2	9．7	9．1	8．8	6．8	5．7	42．6	8．0
ソーシャル活用度別 上級活用企業	(36)	75．0	61．1	52．8	25．0	25．0	22．2	16．7	5．6	2．5	5．6
ソーシャル活用度別 活用中期企業	(60)	31．7	26．7	13．3	8．3	8．3	10．0	10．0	8．3	31．7	5．0
ソーシャル活用度別 活用初期企業	(79)	11．4	7．6	6．3	3．8	2．5	1．3	0．0	3．8	69．6	10．1

※文字の網掛けは本文で参照している箇所を示す。

よると、「一般社員向けガイドラインを策定している」企業は25%にとどまり、「一般社員向けトレーニングを実施している」企業は9.1%にとどまり、42.6%の企業は「今のところ対策は講じていない」とのことで、対策が未整備の企業も少なくない。この点について第 3 章では、リスクを予防するための方策（規程・ガイドライン等の整備、チェック体制の構築、社員教育、誓約書の徴収等）について説明する。

4　なくならない従業員等による SNS に関する不祥事

平成23年ごろから Twitter や Facebook が急速に普及し、それに伴い同年夏ごろには従業員、特にアルバイトによる SNS に関する不祥事が目立つようになり、「バイトテロ」と呼ばれるようになった。その後、SNS の危険性や対策も周知・啓発されてきたが、その後も SNS による不祥事はなくなっていない。たとえば、平成26年11月には Twitter 社の役員が企業買収に関する情報を誤って投稿してしまうという事件があった。

また、平成27年 1 月には、兵庫県姫路市資産税課の女性職員が職場で飲食物を撮影した写真を Twitter に投稿したところ、市内の企業から提出された固定資産税の申告書が写っており社名等の情報が判読できてしまうという事件が話題になった。

近時では、平成31年 2 月ごろにも、飲食チェーン店を中心に、従業員が Instagram のストーリーズなどに不適切動画を投稿し、これが Twitter 等で拡散するネット炎上事件が多発し、あらためて「バイトテロ」「バカッター」「バカスタグラム」が話題になった。

SNS の危険性や対策は周知・啓発されてきたが、このように、現在でも SNS に関する不祥事はなくなっていない。

SNS に関する主な不祥事をまとめると〈図表 3 〉のとおりである。

〈図表3〉　SNSに関する主な不祥事

時　期	所　属	行為者	媒　体	行為態様	その他
H19.11	吉野屋（牛丼チェーン店）	アルバイト2名	ニコニコ動画	吉野家の店内で、アルバイトが豚肉を大量に乗せて盛り付けたいわゆる「テラ豚丼」の製作過程をインターネットの動画投稿サイト「ニコニコ動画」に投稿。	会社は関与したとされるアルバイト2名を特定して処分したと発表。
H19.12	三洋電機	鳥取三洋の派遣社員	「mixi」の日記	鳥取三洋の製造工場の派遣社員が「イヤホンとmicroSDのトコのビスが浮いてたから閉めてたら割れちゃったけどそのまま流しちゃったぁ」などと書き込み。	会社広報部は「本人から『事実無根で冗談のつもりで書き込んだ』という連絡があった」と説明。
H19.12	ケンタッキー	元アルバイト	「mixi」の日記	元アルバイトが「ケン○ッキーでゴキブリ揚げてたムービー撮ればよかった」などと書き込み。	会社が「事実無根」、「本人が保護者同伴で当社を訪れ、『単なるいたずらで嘘を書き込んだ』と謝罪に来た」と説明。
H23.1	ウエスティンホテル	ホテル内にある鉄板焼き料理店で働くアルバイト	Twitter	アルバイトがサッカー選手とモデルのデートをTwitterで実況中継。	総支配人が謝罪。広報が本人に相応の処分を下す旨説明。
H23.2	三越伊勢丹	内定者	Twitter	「レイプねー。別に悪いと思わない」、「女がわりー」などとの投稿。	内定先の百貨店に対しては、電話やメールで多くの批判や投稿者の内定取消しを求める声が寄せられた。

H23. 3	TSUTAYA	店舗公式アカウント	Twitter	「営業再開しました！テレビは地震ばっかりでつまらない、そんなあなた、ご来店お待ちしています！」と投稿。	店長が実名を明らかにして謝罪するとともに、会社も謝罪。
H23. 4	東京電力	社員	Twitter	「なんでウチの社員に給与出すんだなんて言ってる人たちがいるけど、ウチの社員結構現金な人多いから、給与カットした瞬間に仕事しなくなるよ。福島も柏崎も同時にメルトダウンするし関東も大停電して復旧しない。それでもいい？」と投稿。	
H23. 5	アディダス	社員	Twitter	来店した選手の情報を Twitter に投稿。	会社がホームページで謝罪。
H23. 8	魚民（モンテローザ）	同社店員と思われる人物	Twitter	苦情をつけた客に対して客の名前（ネット上のユーザー名）を挙げたうえで「こいつキモいし、やばいわ」と投稿。	
H23. 8	まんべくん（北海道長万部町キャラクター）	運営会社役員	Twitter	終戦記念日に「どう見ても日本の侵略戦争が全ての始まり」などと投稿。	町のホームページにて謝罪文を掲載。Twitter の中止を発表。
H23. 9	日本新薬	社員	Twitter	営業社員が、「社員が懇意にしている薬局からハルシオン後発品〔注：睡眠導入剤〕を不正に入手し、飲み会の時のお酒に入れた」と投稿。	会社は、睡眠導入剤は別の社員が医師より処方されたものであること、投稿した社員本人が直接目撃したものではないことを本人に事情聴取して確認、ホーム

					ページで報告、謝罪。
H23.12	群馬大学	大学教授	Twitter	福島県の農家に対し「サリン作ったオウム信者がしたことと同じ」などと投稿。	大学教授に訓告処分。
H24. 2	すき家（ゼンショー）	アルバイト	Twitter	アルバイトが「牛鍋にゲロ吐いてきます」などと Twitter で発言。	本人が謝罪。会社はホームページで「このような誤解を再発させないよう、今後いっそう従業員教育を徹底してまいります」と謝罪。
H24. 6	TOKYO MX	社員	Twitter	同社が放映することになったアイドルグループのアニメ番組について、批判的なコメントを投稿。	謝罪、厳正に対処。SNS 研修を行い、指導を徹底。
H24. 8	セブンイレブン	アルバイト	Twitter	来店したアイドルグループが映っている防犯カメラの映像を投稿。	会社は画像を削除させ、就業規則に基づいてアルバイトに厳正な処分を下し、防犯カメラ映像の管理体制も見直すと発表。
H24. 9	ミスタードーナツ（ダスキン）	店員	Twitter	店員が半額セール中の客について「ミスド店員側からするとほんま迷惑」、「貧乏くさいしコジキかよ」などと Twitter で発言。	

H24.10	ZOZO TOWN	社長	Twitter	購入客の「1050円なくせに送料手数料入れたら1750円とかまじ詐欺やろ～ゾゾタウン」という投稿に対して、同社の社長が「詐欺？？ただで商品が届くと思うんじゃねぇよ」「お前みたいな感謝のない奴は二度と注文しなくていいわ」などと投稿し、炎上。	社長が謝罪。
H25. 6	復興庁	職員	Twitter	集会に参加した市民団体や質問通告を提出しなかった国会議員を「左翼のクソども」「労働者の党」などと中傷する発言を繰り返し投稿。	復興庁がホームページに謝罪文を掲載。当該職員に懲戒処分。
H25. 6		岩手県県議	ブログ	岩手県議が県立病院に行った際、番号で呼ばれたことに腹を立てブログで「ここは刑務所か、名前で呼べ」と受付にクレームをつけるなどし、「私が間違っていますか。病院が間違っていますか」などと投稿し炎上。	ブログに謝罪文を掲載し、謝罪会見。議員は同月遺体で発見される。死因は自殺とみられる。
H25. 7	ローソン	アルバイト	Facebook	アイスクリーム用の冷蔵庫に入った写真を投稿。	会社がホームページで謝罪。発覚した店舗を休業。フランチャイズ契約を解除。
H25. 7	ミニストップ	社員	Twitter	アイスの販売ケースに入って寝そべっている写真を投稿。	会社がホームページで謝罪。アイスクリーム類を撤去。ケースの入れ替え。アイス購入者に返金対応。

H25. 8	バーガーキング	アルバイト	Twitter	店内の床に置いたバンズの上に寝そべっている写真を投稿。	社内調査後、ホームページで謝罪。バンズは発注ミスのため大量に残ってしまったもので、撮影後は破棄したことを強調。アルバイトに対しては社内規定に基づき厳重な処分を下したと報告。
H25. 8	ほっともっと	アルバイト	Twitter	冷蔵庫に入った写真を投稿。	会社がホームページで謝罪。営業を半日間停止し、店内を消毒、食材を廃棄。アルバイトを解雇。
H25. 8	丸源ラーメン	アルバイト2名	Twitter	店の冷凍庫内で食材のソーセージを数本くわえた写真を投稿。	営業を3日間停止。冷凍庫内の開封済み食材を廃棄し、冷凍庫内を消毒。アルバイト2名を解雇。
H25. 8	ブロンコビリー	アルバイト	Twitter	冷蔵庫に入った写真を投稿。	店舗を閉鎖。アルバイトを解雇。アルバイトに対する損害賠償請求を検討。
H25. 8	ピザハット	アルバイト	Twitter	5月にピザ生地で顔を覆った写真を撮影、8月に投稿。	社内調査後、ホームページで謝罪。発覚時、食材はすでに廃棄済み。アルバイトに対しては社内規定に基づき厳重な処置を下すことを報告。

H25.8	ピザーラ	アルバイト	ブログ	シンクや冷蔵庫に入った写真を投稿。	営業を4日間停止。食材を廃棄し、シンクと冷蔵庫を清掃・消毒。
H25.9	経済産業省	官僚	ブログ	自身のブログに匿名でH23.9に「復興は不要だと正論を言わない政治家は死ねばいいのに」などと投稿、H25.8には高齢者の写真に「はよ死ね」と書き込み。ネットで本人が特定され問題化。	停職2か月の懲戒処分にした。
H25.9	餃子の王将	社員	Twitter	冷蔵庫に入った写真を投稿。	当該店舗を休業。冷蔵庫内の食材を廃棄し、当該冷蔵庫を入替え。店内を清掃・消毒。
H25.9	アニコム損害保険	社員	mixiの日記	電車の網棚に上った写真を投稿。友人しか閲覧できないよう制限をかけていたが、社員のものではないアカウントからTwitterに投稿。	当該行為者および関係者全員を懲戒処分。謝罪文を掲載。
H25.9	成田国際空港の免税店（株式会社NAAリテイリング）	パート社員、派遣社員	Twitter	俳優のクレジットカード番号とサインが記されたレシートを店員の派遣社員が撮影、同僚のパート社員がTwitterに投稿。	会社がホームページで謝罪。パート社員を懲戒解雇、派遣社員の契約解除。役員5人が報酬を一部自主返納するとのこと。
H25.9	サーティワンアイスクリーム	アルバイト	Twitter	廃棄予定のアイスクリームを容器から直接食べる写真を投稿。	会社が謝罪文をホームページに掲載。
H25.10	泰尚（そば屋）	大学生アルバイト4名	Twitter	厨房内の食器洗浄機に入った写真をTwitterに投稿。店舗は苦情が相次	店主と破産管財人がアルバイト4名に対し1385万円の

				ぐなど営業継続が困難となり倒産。負債総額は約3000万円。	損害賠償を請求する訴訟を提起し、アルバイトらが計200万円の和解金を支払う和解が成立。大学はアルバイトを懲戒処分（停学）とし、その旨ホームページで公表。
H25.10	東北大学	大学教授	Twitter	プロ野球パ・リーグのクライマックスシリーズ、東北楽天－千葉ロッテ戦をめぐり、「千葉、滅びろ！」などとTwitterに投稿。教授は不適切な投稿をするのみならず、これに対する反論等に対しても逐一反論等を繰り返し、事件が拡大。	東北大学には電話やメールで抗議が寄せられ、同大学はホームページで「多くの皆様に不快な思いをさせてしまい、深くおわび申し上げます」との謝罪文を掲載し、同教授を厳重注意。同教授もTwitter上で「誠に申し訳ありませんでした」と謝罪。
H26.11	米Twitter社	最高財務責任者	Twitter	自身のTwitterで「私はそれでも彼らを買収すべきだと思う。スケジュールは12月15日か16日だ」などと誤って投稿。	同責任者は、直ちにツイートを削除したが、約9300人のフォロワーの多くが同ツイートを保存し、新聞報道等もされる事態になった。
H27.1	姫路市資産税課	女性職員	Twitter	職場で飲食物を撮影した写真をTwitterに投稿したところ、市内の企業から提出された固定資産税の申告書が写っており社名等の情報が判読できて	市が謝罪。

				しまった。	
H27. 5	すき家（ゼンショー）	女性高校生アルバイト	Twitter	店内の更衣室で店員のユニフォームを着たまま胸や性器を露出した写真を撮影し投稿。	報道によると、社内規定に基づいて処分したとのこと。
H28. 1	パキラハウス（不動産会社）	女性社員	Twitter	芸能人の不動産賃貸の情報を Twitter に投稿。	パキラハウスとフランチャイザーであるセンチュリー21が謝罪。
H28. 2	大阪労災病院	臨床検査技師	Twitter	流産した胎児などの写真３枚をスマートフォンで無断撮影し、個人の Twitter に投稿。	病院は刑事告訴も検討。
H28. 3		杉並区区議	ブログ	「『日本死ね』などと書き込む不心得者や、そんな便所の落書きをおだてる愚かなマスコミ」などと投稿し炎上。	
H28. 5	帝国ホテル	業務委託先の従業員	Twitter	自身の勤務先で芸能人を目撃したと Twitter に投稿。	帝国ホテルは業務委託先の従業員の投稿であったとホームページで公表し、謝罪した。
H28. 9	BLOGOS（有識者のブログエントリを紹介するまとめサイト）	フリーアナウンサー	BLOGOS	BLOGOS 編集部はフリーアナウンサーが執筆した「自業自得の人工透析患者なんて、全員実費負担にさせよ！ 無理だと泣くならそのまま殺せ！」などという記事を掲載した。BLOGOS 編集部には記事の掲載中止要請を含む多くの抗議や問い合わせが殺到した。	BLOGOS 編集部は関係者と読者に謝罪した。
H27.11	新潟日報社	報道部長	Twitter	新潟日報社の編集部長が自身の Twitter（無届け・匿名）で新潟水俣病訴	新潟新聞社は当該報道部長を懲戒休職処分にした旨同

				訟を担当する弁護士に関し「はよ、弁護士の仕事やめろ」との暴言を投稿。	社朝刊で発表。
H29. 5		新潟県知事	Facebook	憲法改正について大学教授を「この方独自の悪意に満ちた解釈をして現憲法をやたらと貶め、ひいては現憲法下の日本全体をひどく侮辱しているのです」などとFacebook上に投稿し、SNS上で波紋が広がる。	知事自ら記者会見で「だいぶ反省している」、「立場をわきまえて議論をさせていただく」などとコメント。
H29. 5	LINE	上級執行役員	Twitter	「憲法って、ただの紙に書かれた文章」、「お金を稼ぎたいなら生命保険に入り、水の入った洗面器に顔をつければいい」などと投稿し炎上。	LINEは「個人の投稿であり、当社の方針と関係するものではない」としつつ「当人には厳重に注意するとともに、当社従業員に対して、より一層の順守徹底を行う」とコメント。
H29.10	ミスタードーナツ（ダスキン）	公式Twitterの運営会社	Twitter	競馬予想システムに関する投稿を公開。	会社が公式Twitterアカウント上で謝罪文を掲載。
H29.10	米ダヴ社	企業公式アカウント	Facebook	ボディーウォッシュを宣伝する動画中で、黒人女性が茶色いＴシャツを脱ぎ白人女性になる内容を公開。	会社が謝罪のコメントを掲載。
H30. 7	蕨市役所	主事級の職員	Twitter	職員がTwitterで「死ね」「くず」「ごみ」などと複数の相手を誹謗中傷する投稿を公開。	市が当該職員を減給10％（３か月間）の懲戒処分にしたと発表。
H30. 8	神奈川県	中学教諭	Twitter	教諭がTwitterで部活動	市教育委員会が当

	内の公立中学校			でかかわりがある女子生徒を中傷する投稿を公開。	該教諭を減給10%（1か月間）の懲戒処分にしたと発表。
H31.1	すき家（ゼンショー）	高校生アルバイト2名	Instagram のストーリーズ	Instagram のストーリーズに、一人の店員が氷を投げ散らかし、別の店員が股間におたまを当てる動画を投稿し、Twitter 等で動画が拡散され炎上。	会社がホームページで謝罪、「社内規定に則って1月29日(火)付で退職処分といたしました」とコメント。
H31.2	くら寿司（くらコーポレーション）	セクションリーダーら従業員2名	Instagram のストーリーズ	Instagram のストーリーズに、切った魚をゴミ箱に入れ、再びまな板の上に戻す動画を投稿し、Twitter で動画が拡散され炎上。株価が下落し会社に27億円の損失。	会社がホームページで謝罪、「雇用契約を終了し、退職処分としたと同時に、刑事、民事での法的処置の準備に入った」とコメント。
H31.2	セブン－イレブンのフランチャイズ加盟店	男性アルバイト2名	Instagram のストーリーズ	店員がおでんのしらたきを口に入れてから吐き出しタバコラックを荒らす動画を撮影、投稿し炎上。	フランチャイザーであるセブン－イレブン・ジャパンが謝罪。フランチャイズ加盟店は撮影にかかわった2名を解雇。おでんは廃棄し、おでん鍋は洗浄したとのこと。
H31.2	ビッグエコー（第一興商）	アルバイト	Twitter	平成30年12月に投稿された、唐揚げを床にこすりつけてから揚げる動画が平成31年2月に拡散され炎上。	会社は平成30年12月に謝罪、警察に被害届を提出した旨を公表、平成31年2月にもあらためて謝罪。
H31.2	ドミノピザ	アルバイト	Twitter	女性店員がピザを食べながらピザを切り分ける動画を撮影、投稿し炎上。	会社は「厨房での飲食や撮影は禁止事項。すでに店舗

					や従業員は特定済みで、今後は社内の規定に沿って対応していく」
H31. 2	バーミヤン（すかいらーく）	アルバイト	Twitter	平成30年３月ごろに投稿された、厨房で中華鍋から上がる火を使ってタバコに火をつけて喫煙する動画が平成31年２月に拡散され炎上。	会社がホームページで謝罪、「関係者の厳正な処分とともに法的責任の追及についても検討」とコメント。
H31. 3	大戸屋	アルバイト	Twitter	平成30年夏〜年末に撮影された、厨房で商品を口に含んで騒いだりズボンを脱いで下半身を隠しふざける動画を撮影、投稿し炎上。	会社が不適切動画にかかわった３人の従業員を解雇し、国内全350店舗を一斉休業し教育や研修の徹底、清掃を行うこと、取締役５名の報酬を１か月10％減額すること、業績の下方修正などを発表。
H31. 3	セブン－イレブン（セブン－イレブン・ジャパン）	大学生アルバイト	Instagram のストーリーズ	おでんの入れ物の中に顔を突っ込んで、顔にテープを貼り、店内で上半身裸になり、着ていた服をふり回す動画を撮影、投稿し炎上。	
R 2 . 3	朝日新聞社	編集委員	Twitter	朝日新聞社の編集委員が自身の Twitter で「戦争でもないのに超大国の大統領が恐れ慄（おのの）く。新コロナウイルスは、ある意味で痛快な存在」と投稿し炎上。	朝日新聞社が不適切な投稿だったとして同社記事中で謝罪。
R 3 . 5	内閣官房	内閣官房参与	Twitter	内閣官房参与が Twitter で国内の新型コロナウイ	「不適切表現を改める」と陳謝、辞

				ルスの感染状況について「日本はこの程度の『さざ波』。これで五輪中止とかいうと笑笑」と投稿し、新型コロナの緊急事態宣言について「欧米から見れば、戒厳令でもなく『屁みたいな』もの」と投稿し、炎上。	任。
R 3 . 6	カレーハウス CoCo 壱番屋（壱番屋）	大学生アルバイト 2 名	Instagram のストーリーズ	令和 3 年 6 月にアルバイト店員が店の休憩室で食事中、料理の上に体毛を乗せ、その様子を別のアルバイト店員がスマートフォンで撮影し、Instagram のストーリーズに投稿。Twitter で動画が拡散され炎上。	運営会社の壱番屋は当日に店舗の営業を停止し、公式ホームページで「お客様にご不快、ご不安な思いをさせ」たことを謝罪し、衛生管理の徹底、従業員の教育、再発防止に取り組むとし、アルバイト店員 2 名については規程に則って厳正な対応を行うと公表。

5　不祥事の類型

SNS による不祥事の類型にはさまざまなものがある。

① 会社の機密情報（技術情報・新製品情報・IR 情報等。取引先の情報を含む）の漏えい

② 顧客情報（個人情報等）の漏えい

③ 不適切な業務遂行に関する記載

④ 誹謗中傷に関する記載

⑤ 私的な行為・意見表明等の掲載によるトラブル

⑥ SNSを利用したコミュニケーション（友達申請、メッセージ等）によるトラブル

⑦ 業務でのSNSの利用に関するトラブル

⑧ SNSの特性・脆弱性（アカウントの乗っ取り等）に基づくトラブル

⑨ 会社の公式アカウントにおけるトラブル

第2章では、SNSによる不祥事を以上の9類型に分けて整理し、適宜解説を加えたほか、近時増加している社員の副業においてSNSを利用した場合のリスクと会社の対応について解説した。

6 SNSの利用に関する権利義務

SNSの利用に関しては、主に以下の権利義務関係が想定され、その調整が必要になる。

⑴ 投稿をする権利

SNSに投稿をする権利は、原則として、憲法の表現の自由（憲法21条1項）の保障を受けると解される。そのため、投稿は自由であるのが原則である。

⑵ 投稿による権利侵害

ただし、投稿によって第三者の権利を侵害する場合があり、そのような場合投稿をする権利と第三者の権利を調整する必要が生じる。また、投稿や投稿のために行う行為が刑罰法規に該当するケースもあり、注意が必要である。

㋐ 第三者の名誉、信用等の毀損、営業権、プライバシー権、肖像権、知的財産権等の侵害

第三者を誹謗中傷する投稿をした場合、第三者の名誉（人の社会的側面）、信用を毀損するおそれや、営業権、プライバシー権（私生活をみだりに公開されない権利）、肖像権（みだりに撮影されない権利等）等を侵害するおそれが

ある。

これらは、刑事上、名誉毀損罪（刑法230条）や信用毀損罪（同法233条）、業務妨害罪（同法233条）に当たる可能性があり、また、民事上も、不法行為として損害賠償の対象となり得る（民法709条、710条）。

また、第三者の著作権等に属する内容（イラスト、新聞等）のデータや写真をそのまま投稿すると、当該第三者や著作者人格権（著作物に関する権利。著作権には複製権、上演権・演奏権、上映権、公衆送信権等、口述権、展示権、頒布権、譲渡権、貸与権、翻訳権・翻案権等が認められ、著作者人格権には公表権、氏名表示権、同一性保持権の三つが認められている）等を侵害するおそれがある。たとえば、カラオケ店で楽曲を歌う様子を YouTube に投稿していた男性に対し、カラオケ機器「DAM」を販売する株式会社第一興商がカラオケ音源に係る送信可能化権（著作権法96条の２）の侵害に当たると主張し、動画の送信可能化の差止めおよびその電磁的記録の消去を求めた事案で、平成28年12月20日に東京地方裁判所が第一興商の請求を認容している（東京地判平成28年12月20日裁判所ウェブサイト）。

SNS 上での誹謗中傷をめぐって、令和２年５月にはテレビ番組に出演していたプロレスラーが自殺する事件が発生し、同年８月31日に「特定電気通信役務提供者の損害賠償責任の制限及び発信者情報の開示に関する法律第４条第１項の発信者情報を定める省令の一部を改正する省令」が公布、同日から施行されたことを受け、特定電気通信役務提供者の損害賠償責任の制限及び発信者情報の開示に関する法律（プロバイダ責任制限法）４条１項に基づく開示請求の対象となる権利の侵害に係る発信者情報として「発信者の電話番号」が追加された。これにより、SNS などで誹謗中傷を受けた被害者は、SNS などの運営者から得た電話番号をもとに、携帯電話会社に直接、損害賠償請求に必要な投稿者の情報を照会することも可能になった。さらに、令和３年４月21日にはプロバイダ責任制限法の一部が改正され、インターネット上の誹謗中傷などによる権利侵害について円滑に被害者救済を図るため、発信者情報開示について新たな裁判手続が創設された（詳細は第４章３⑹参照)。そのため、投稿者の特定、法的責任追及が容易になり、責任追及の件数が増えることが予想される。

(イ)　リツイートを違法とする裁判例

ジャーナリストが元大阪府知事の名誉を毀損する第三者の元ツイート（投稿）をそのままリツイート（他人の投稿の拡散、再投稿）したことから、元大阪府知事がジャーナリストに対し110万円の損害賠償を請求した訴訟において、令和元年9月12日に第1審の大阪地方裁判所が元大阪府知事の請求を33万円の範囲で一部認容し（大阪地判令和元年9月12日判例時報2434号41頁、判例タイムズ1471号121頁)、令和2年6月23日に大阪高等裁判所も「元ツイートの表現の意味内容が一般閲読者の普通の注意と読み方を基準として解釈すれば他人の社会的評価を低下させるものであると判断される場合、リツイート主がその投稿によって元ツイートの表現内容を自身のアカウントのフォロワーの閲読可能な状態に置くということを認識している限り、違法性阻却事由又は責任阻却事由が認められる場合を除き、当該投稿を行った経緯、意図、目的、動機等のいかんを問わず、当該投稿について不法行為責任を負う」として名誉毀損を認め、ジャーナリストの控訴を棄却した（大阪高判令和2年6月23日裁判所ウェブサイト)。

また、写真の隅に表示されていた「©」マークおよび著作者の氏名（氏名表示部分）が表示された写真を、著作者に無断でTwitterに投稿、リツイートしたケースについて、令和2年7月21日には、著作者がTwitterを運営する米国法人に対しリツイートを行った者の発信者情報の開示を求めた訴訟において、最高裁判所はリツイートした際に写真の一部が切り取られて表示されることによって氏名表示部分が表示されなくなることが著作者人格権（氏名表示権）侵害に当たる可能性に触れた（最判令和2年7月21日民集74巻4号1407頁)。

自ら投稿を行った場合のみならず、他人の投稿をリツイートした場合にも法的責任を負うことがあるので、注意が必要である。

(ウ)　使用者の情報漏えい、名誉・信用等の毀損、誹謗中傷

投稿者の職場の企業秘密等に関する投稿をすることで、使用者の情報が漏えいするおそれがある。また、不適切な内容を投稿した場合、投稿者の信用等が傷つくことはもちろんであるが、投稿者の使用者が明らかになった際に、不適切な内容を投稿する者を雇用しているとして、使用者の信用等まで傷つけられるおそれがある。

使用者の立場からすると、投稿者（労働者）に対して損害賠償を請求することや、懲戒処分を行うことも考えられる。

(エ)　社内のハラスメント

上司等の部下等に対する SNS をめぐるやりとりがパワー・ハラスメントやセクシュアル・ハラスメント、ソーシャル・ハラスメントといったハラスメントになるおそれもある。

パワー・ハラスメントについて、「個の侵害（私的なことに過度に立ち入ること)」は、パワハラの一類型とされている（厚労省「事業主が職場における優越的な関係を背景とした言動に起因する問題に関して雇用管理上講ずべき措置等についての指針（令和 2 年厚生労働省告示第 5 号)。近時では、平成31年 2 月に内定者が自殺したケースについて、令和 2 年 4 月に遺族の代理人が、採用担当者である元人事担当課長が、内定者専用の SNS で、「誰がいつサイトに入っているかは人事側で見えています」、「毎日ログインしていなかったり、書き込まない者は去ってもらいます」とログインや投稿を強要する投稿をしたり、「無理なら辞退してください、邪魔です」と内定辞退を示唆する投稿、「邪魔だと思ったら全力で排除にかかる」と退職強要を示唆するメールの送信、「ギアチェンジ研修は血みどろになるくらいに自己開示が強制され、4 月は毎晩終電までほぼ全員が話し込む文化がある」などと入社後の過重労働を示唆したとして、謝罪、損害賠償や関係者の処分、再発防止策を求める会見を行っている。

また、セクシュアル・ハラスメントについて、公務員に関するものであるが、「食事やデートにしつこく誘うこと」、「性的な内容の電話をかけたり、性的な内容の手紙・E メールを送ること」はセクシュアル・ハラスメントの例とされており（「人事院規則10−10（セクシュアル・ハラスメントの防止等）の運用について」平成10年11月13日職福−442、最終改正：令和２年４月１日職職−142)、SNSを用いたやりとりも、内容によってはセクシュアル・ハラスメントとなるおそれがある。

ソーシャル・ハラスメントには明確な定義はないがSNSの利用者間において、SNSを通じて行われるいじめ行為や嫌がらせ行為全般を幅広く指すものと考えられており、典型的な事例として、上司からの部下に対する友達申請や、頻繁なコメント・「いいね！」等への対応に部下が苦慮していることが挙げられている（第２章Ⅰ６⑵参照)。

㈺　迷惑行為による刑罰法規違反

近年、YouTubeで動画再生回数や収益を得るため迷惑行為を行う「迷惑系ユーチューバー」と称される者による迷惑行為が刑罰法規に抵触するとして逮捕、書類送検されるケースが相次いでいる。

平成29年９月には警察官の前で覚せい剤に見える白い粉の入った袋を落とした男女が偽計業務妨害の疑いで逮捕され、令和元年５月には渋谷のスクランブル交差点にベッドを置く様子を撮影した男らが道路交通法（道路における禁止行為）違反の疑いで書類送検された。また、令和２年３月にはわざと落とした財布を通行人に拾わせて被害申告した男らが偽計業務妨害の疑いで逮捕された。同年７月には会計前の魚の切り身を食べる動画を撮影した男が窃盗の疑いで逮捕された。この男は新型コロナウイルスの感染が確認され、逮捕前後に接触していた友人、警察官とその家族、留置施設にいた被疑者への感染が確認され、知事から苦言を呈されている。

㈸　ストーカー行為等の規制等に関する法律（ストーカー規制法）

ストーカー規制法は平成25年改正により、拒まれたにもかかわらず連続して「電子メールの送信等」をする行為を規制していたが、平成28年12月14日公布の同法改正（平成28年法律第102号）により、「その受信する者を特定して情報を伝達するために用いられる電気通信」(同法２条２項１号)、すなわち、LINEやFacebook等のSNSメッセージ機能等を利用した電気通信や「特定の個人がその入力する情報を電気通信を利用して第三者に閲覧させることに付随して、その第三者が当該個人に対し情報を伝達することができる機能が提供されるものの当該機能を利用する行為」(同条項 2 号)、すなわち、被害者が開設しているブログ、ホームページ等への書き込みや、SNS の被害者のマイページにコメントを書き込んだりする行為も規制対象とした。これにより、投稿内容、状況によっては、同法に違反するおそれがある（なお、同法については令和 3 年 5 月18日に、GPS 機器を用いた位置情報の取得等も規制対象とするなどの改正法が成立している)。

(3)　権利侵害を受けた第三者からの投稿者や検索サイトに対する要求

本書のメインテーマである労務管理の問題ではないが、一般論として、権利侵害を受けた第三者からの、投稿者や検索サイトに対する要求についても説明する。

(ア)　削除要請

権利侵害を受けた第三者は、まずは投稿を削除させるために、ソーシャルメディアの運営元等に削除要請を出すことが考えられる。これに対する対応は、第一次的には運営元に委ねられる。

(イ)　損害賠償請求

権利侵害を受けた第三者は、故意・過失により他人の権利を侵害したとして、投稿者に対して、不法行為に基づく損害賠償（民法709条、710条）を請求することが考えられる。

(ウ)　削除仮処分

仮処分とは、通常の裁判より迅速な手続により、裁判所が仮の権利保全として暫定的な措置を行う制度である。SNS の投稿の削除や発信者情報の開示等において仮処分が用いられることが多い。なお、裁判所から「削除せよ」という仮処分決定が出れば、多くのコンテンツプロバイダ、ホスティングプロバイダが削除に応じているとのことである[6]。

(エ)　検索結果の削除請求（忘れられる権利）

忘れられる権利とは、EUデータ保護規則案17条に盛り込まれた「right to forgotten」の訳語で、個人が、個人情報などを収集した企業等にその消去を求めることができる権利のことであり、EUデータ保護規則案は、最終的にEUデータ保護規則として発効し、17条は「right to erasure ('right to be forgotten')」として確定したとのことである[7]。

EUでは、平成26年5月13日にEUの最高裁判所に当たる欧州司法裁判所が、データが処理された際の目的と時間の経過などを考慮して、情報が「不適切、もはや重要でない、行き過ぎている」場合には削除を求められるとして、Googleに対して個人名の検索結果から個人の過去の事実について報じる内容へのリンクの削除を命じる判決を言い渡している(ゴンザレス事件)[8]。

日本では、実際にはかかわっていない者が犯罪にかかわっているかのような検索結果が表示されることについて、検索結果の削除を求めた事案で、平成26年10月9日に東京地方裁判所が米国Googleに対して検索結果237個のうち122個について削除を命じた決定や、事件から約9年が経過している状況で、専門職が同専門職を規律する法律に違反した事件の逮捕記事を検索結果から削除することを求めた事案について、平成27年5月8日に東京地方裁判所が米国Googleに対して検索結果の削除を命じた決定[9]がある。

また、インターネットの検索エンジン（米国Google）で住所と氏名を入力して検索すると3年余り前の女子高校生に対する児童買春の罪での逮捕歴が検索結果として表示され、更生を妨げられない利益が侵害されるとして米国Googleに検索結果の削除を求めて仮処分命令を申し立てた事案で、検索結果の削除を命じた原決定（さいたま地決平成27年6月25日判例時報2282号83頁）について、「忘れられる権利」に基づき原決定を認可し、検索結果の削除を

6　清水・前掲〈注1〉58頁参照。
7　清水・前掲〈注1〉41頁参照。
8　奥田喜道編著『ネット社会と忘れられる権利』20頁以下（現代人文社、2015年）参照。
9　奥田編著・前掲〈注8〉112頁以下参照。

命じた例がある（さいたま地決平成27年12月22日判例時報2282号78頁）。

ただし、この認可決定に対する保全抗告事件（東京高決平成28年７月12日判例時報2318号24頁）では、「本件犯行は真実であるし、本件検索結果の表示が公共目的でないことが明らかであるとはいえないから、名誉権の侵害に基づく差止請求は認められない」などと判示して米国 Google に対する検索結果の削除請求を認めず、また「名誉権ないしプライバシー権に基づく差止請求権の要件の判断と実質的に同じものである」として忘れられる権利を否定した。なお、平成29年１月31日には、最高裁判所も当該決定を維持している（最決平成29年１月31日民集71巻１号63頁）。

また、平成27年２月18日には、インターネットの検索サービスで約２年前の盗撮を理由とする逮捕に関する事実が表示されることについて、ヤフーに対して損害賠償請求や表示等の差止請求を行った事案において、大阪高等裁判所は「社会的関心は高く、再犯防止等の観点からしても、公共の利害に関する事実に当たる」ため名誉毀損にはならず、「逮捕事実が表示されることにより被る控訴人の不利益とこれを公表する理由とを比較すると、後者が前者に優越するものと認められるから、本件検索結果の表示によるプライバシー侵害については、違法性が阻却され、不法行為は成立しない」などと判示して、請求を認めなかった（大阪地判平成27年２月18日Ｄ１-Law.com 判例体系・判例 ID28230863。なお、平成29年１月31日には最高裁判所も当該判決を維持している（最決平成29年１月31日 Westlaw・文献番号2017WLJPCA01316017））。さらに、平成28年10月28日には、振り込め詐欺の逮捕歴が表示されることについて、東京地方裁判所は、振り込め詐欺は公共の関心事であり、原告は有罪判決を受けていること、犯罪に主体的に関与していたこと、執行猶予期間満了後５年程度しか経過していおらず、原告が犯罪の収益の賠償をしておらず公共の関心の希薄化していないことなどから検索結果の表示には一定の意義や必要性があるなどとして米国 Google に対する検索結果の削除請求を認めなかった（東京地判平成28年10月28日 Westlaw・文献番号2016WLJPCA10288029。なお、平成29年６月29日には東京高等裁判所も当該判決を維持している（東京高判平成29年6月29日裁判所ウェブサイト。最決平成30年1月30日 LEX/DB 文献番号25560183で上告不受理))。

以上の裁判例からすると、検索結果の削除請求が認められるか否かは、①真実性や事件の歴史的・社会的意義、当人の社会的活動・影響力などによる検索結果の公表の意義・必要性（公共性や目的の公益性）と、②時間の経過、当人の生活状況などによる不利益性を比較衡量し、受忍限度を超えているか否かにより判断されるものと考える（前科を実名で公表したノンフィクション小説に関する最判平成6年2月8日〔「ノンフィクション逆転」事件〕民集48巻2号149頁も参照)。

⑷　使用者による投稿者に対する対応

㈠　削除要請、業務命令

使用者が投稿者（労働者）に不適切な投稿を削除するよう、任意に働き掛けることは可能である。

裁判例上も、モルガン・スタンレー・ジャパン・リミテッド（本訴）事件（東京地判平成17年4月15日労働判例895号42頁）では、事業に関する訴訟を個人が提起した事案について、「使用者は、従業員の私生活上の行為が被告（筆者注：使用者）の利益を害すると判断した場合、従業員個人の行為に対して、かかる行為を任意に修正することを要請し、また、その前提として、従業員に対して、事前に予定された行為の内容の報告を求めることは、公序良俗に反しないと解される」、「従業員の私生活上の行為によって、使用者の利益が害された場合、使用者は、従業員に対して、事後的に労働契約上の誠実義務違反を問うことができると解される」、「被告の利益が害されることが明白である場合、被告は、原告（筆者注：従業員）に対して、かかる結果を招来する行動を回避することを事前に業務として命令できる」と判示されており、私的行為といえ、会社が任意の是正を求めることや、不適切な投稿の削除を求める場合にも参考になる（なお、同事件の高裁判決〔東京高判平成17年11月30日労働判例919号83頁〕も、「従業員の全く私的な行為と認められるのでない限り、被控訴人〔筆者注：使用者〕の事業活動の一環として行われるものとして、被控訴人の指揮命令権限が及ぶ」として、使用者の指揮命令権限を認めている)。

(イ)　懲戒処分

使用者が不適切な投稿を行った投稿者（労働者）に対し、企業秩序を乱すことなどを理由に懲戒処分を行うことも考えられる。この点については、第 4 章 6 (2)を参考にしていただきたい。

(ウ)　損害賠償請求

使用者が不適切な投稿を行った投稿者（労働者）に対し、被った損害の賠償を求めることも考えられる。この点については、第 4 章 6 (4)を参考にしていただきたい。

(5)　投稿者が不明の場合の対応

投稿が匿名でなされている場合など、投稿者の住所・氏名等の特定が困難なケースがある。しかし、近時、「詐欺師」などと中傷された被害者が投稿者を割り出すために米国 Twitter 社に対して発信者情報（IP アドレス）の開示を求めて仮処分を申し立て、同社から開示を受けた IP スタンプを検索して当該 IP アドレスを保有するのがソフトバンク BB 株式会社であることを把握し、同社に対して発信者情報開示を求める訴えを提起し、情報開示が認められたケースもある（東京高判平成26年 5 月28日判例時報2233号113頁）。匿名でなされた SNS 上の投稿であっても、投稿者を特定できる可能性はある（第 2 章 I 5 (3)(イ))。

7　まとめ

以上のとおり、SNS による不祥事については、諸々の類型があり、それに応じた原因・経緯の問題、リスクを予防するための方策の問題、対応や各当事者の権利義務の調整の問題等が考えられることから、第 2 章で、それぞれの類型について説明する。

第2章

SNSをめぐる トラブル例とリスク

I　私的アカウント（従業員個人のアカウント）における問題

1　会社の機密情報の漏えい

<事例>

① 家庭用ゲーム機を開発製造しているA社に勤めているXは、お昼にコンビニエンスストアで買ってきた新しいデザートを職場の机で写真に撮って自身のTwitter上にアップしたところ、今後A社で発売予定の新型ゲーム機の資料（そこには未発表の価格や発売時期が記載されていた）がその写真の中に写りこんでしまい、ネット上で価格や発売時期が拡散されてしまった。これを見た競合他社B社が、自社で開発中の新型ゲーム機の価格や発売時期を見直して、A社の新型ゲーム機よりも安く、早い時期に販売を開始して、爆発的な売れ行きをみせた。それに対して、発売が後になったA社新型ゲーム機は当初の見込みよりも販売台数が伸びなかった。

② C社では、人気のあるスマートフォンを製造しているD社から、未発表の最新型スマートフォンの模型を借りて、そのカバーケースを製作していた。C社に勤めているYは、世間が注目している最新型スマートフォンの形状を自分が知っていることをひけらかしたくなり、その模型を写真に撮って自身のTwitter上にアップしたところ、たちまち反響を呼び、D社にも知られる事態になった。その結果、C社は、D社から契約を解除され、製作中のカバーケースも販売できなくなった。

(1)　SNSによる会社の機密情報漏えいの特徴

SNSによる会社の機密情報漏えいの特徴的な事例として、たとえば、

(i)　アップした写真に会社の機密情報が写り込んでしまい、意図せず情報漏えいしてしまうケース【事例①】

(ii)　SNSの影響力に思いが至らず軽い気持ちで書き込みや写真のアップをして情報漏えいしてしまうケース【事例②】

などが挙げられる。

上記(i)の実際に生じたケースとしては、市役所に勤める職員が、Twitter上に、職場の机の上に置いていたヨーグルトの容器などを撮影して、「さすがにヨーグルト2本はダメでしたねー　お腹がぐるぐるなってますわw」などとメッセージをつけて書き込んだところ、その写真の中に、市内の企業から提出された固定資産税の申告書が映り込んでおり、社名や資産の取得価格の一部などが判別できる状態だったため、市が謝罪会見をしたというケースがある。

上記(ii)の実際に生じたケースとしては、あるメーカー企業の従業員が、Twitter上に、何気なく「今日は取引先のA社で新製品の打ち合わせ」などと書き込んだところ、その新製品に関するプロジェクトはまだ極秘情報であったことから、A社との関係で守秘義務違反が問題になったというケースがある。また、従業員自身が書き込んだものではないが、大手お菓子メーカーに勤めている従業員の子どもが、親に見せてもらった未発表の新商品のパッケージを写真に撮って、その新商品のCMに出演予定のタレントの名前も挙げてTwitter上に書き込んだところ、ネット上で当該従業員の守秘義務違反ではないかと騒ぎになったケースもある。

これらのケースのように、SNSによる会社の機密情報漏えいの特徴としては、SNSはスマートフォン等を利用して写真のアップや書き込みが容易であるため、気軽に書き込みをしたり、写真をアップしたところ、意図せず情報漏えいしてしまっていたということが起きやすいということがある。ま

た、Twitter や Facebook は「いいね」やコメントなどすぐにわかりやすい形で反響が得られるので、より多くの反響を得ようと思い、会社の機密情報等を書き込んでしまうということも起こりうるところである。そして、SNS に書き込みをしたり写真をアップすると、特段設定をしていなければ、不特定多数の人々がその書き込み等を閲覧することができる。また、Twitter でいえばリツイート（自分が良いと思った他のユーザーのツイートを再投稿することができる機能をいう）、Facebook でいえばシェア（他のユーザーの投稿を自分のウォールに再投稿することができる機能をいう）といった機能や、5ちゃんねるなどの掲示板に貼られることなどによりたちまち拡散されてしまう。このように、会社の機密情報が短時間で広範囲に漏えいしてしまう可能性があるという点が SNS による情報漏えいの最も注意すべき特徴・恐さである。

⑵　SNS による会社情報漏えいから生じるリスク

㋐　会社に金銭的損害が発生すること、その回収が困難なおそれがあること

(A)　金銭的損害が発生すること

従業員が会社情報を漏えいしたことにより、会社に損害が発生する事態が想定される。

たとえば、事例①では、Xが新製品の価格や発売時期の情報を漏えいしてしまったことにより、B社が自社製品の価格や発売時期を見直して先に販売を開始しており、Xによる情報漏えいがA社の新型ゲーム機の販売台数が伸びなかったことに少なからず影響を与えたものと考えられる。

事例②においてもC社は、D社から契約を解除され、製作中のカバーケースが販売できなくなってしまったことにより、製作に要した費用や、販売していれば見込めた利益分の損害が発生している。また、もし情報漏えいによりD社に損害が発生していれば、D社から秘密保持義務違反に基づく損害賠償請求を提起されるおそれもあるところである。

(B)　従業員に損害賠償を請求するうえで損害額・因果関係の立証は難しい

こと

上記のとおり会社に損害が生じるとしても、情報を漏えいした従業員に対してその損害を賠償請求できればよいが、事例①のようなケースでは、情報漏えいがなければどの程度の売上げが見込めたのか（すなわち、損害が発生したといえるのかどうかや損害があるといえるとしてもその額はいくらか）や、A社の新型ゲーム機の売れ行きが悪いのは本当に情報漏えいによるものなのかどうか（すなわち、Xの情報漏えいと損害との間に因果関係があるかどうか）といった損害額・因果関係の立証はなかなか難しい。

もっとも、損害額の立証についていえば、民事訴訟法248条に、「損害が生じたことが認められる場合において、損害の性質上その額を立証することが極めて困難であるときは、裁判所は、口頭弁論の全趣旨及び証拠調べの結果に基づき、相当な損害額を認定することができる」という規定があるので、損害額の立証の困難さは一定程度軽減される。また、漏えいされた情報が不正競争防止法上の「営業秘密」（同法2条6項。要件としては、①秘密として管理されていること、②有用な情報であること、③公然と知られていないこと）に当たれば、同法上の損害賠償額の推定規定を利用することもできる。

(C)　従業員に対する損害賠償請求は一定程度制限されるおそれがあること

損害額・因果関係の立証ができても、判例上、従業員に対する損害賠償請求権の行使については、「損害の公平な分担という見地から信義則上相当と認められる限度」においてのみ請求できるとされている（最判昭和51年7月8日〔茨石事件〕民集30巻7号689頁等）。具体的には、①労働者の帰責性（故意・過失の有無・程度）、②当該従業員の地位・職務内容・労働条件、③損害発生に対する使用者の寄与度をもとにして判断されるとされているので、従業員に対する損害賠償請求は制限される可能性がある。

この点、事例①のケースでは、過失で情報漏えいをしており、少なくとも全額の損害賠償を認めてもらうことは困難ではないかと思われる。また、事例②についても、会社が当該模型の取扱いについて従業員に十分注意指導をしていなかったり、当該模型を容易に持ち出せたり、スマートフォン等で容易に撮影できるような管理しかしていなかったということになると、賠償額は制限されてしまうおそれがある。

(D) 損害賠償請求が認められても事実上回収が困難なおそれがあること

仮に損害賠償請求が認められたとしても、漏えいした従業員の資力が乏しければ、回収は事実上困難であるというリスクもある。

(イ) レピュテーション（評判）の低下

(A) 会社のレピュテーション（評判）が低下するおそれがあること

会社のレピュテーション（評判）は、会社の業績や資金調達等に影響を与えることもあるため、非常に重視されるが、従業員がSNSで会社情報を漏えいした場合、会社の情報管理体制やそのような従業員を雇っていること自体を問題視され、会社のレピュテーションが大きく低下してしまうおそれがある。

(B) 検索エンジン上で会社の関連ワードとして残るおそれがあること

インターネットの検索エンジンには、関連検索という機能がある。これは、あるワードを入れると、そのワードに関連する他のワードが一緒に表示されるというものであるが、従業員がSNS上で情報漏えい等をして世間の注目を集めてしまい、当該従業員が勤めている会社まで特定されてしまっているようなケースでは、検索エンジンにその会社名を入力すると、関連ワードに「漏えい」「炎上」などとネガティブなワードが出るようになってしまうことがある。そうなると、それまで情報漏えいの事実を知らなかった検索者にも知られてしまい、たとえば、会社の営業活動や採用活動などにも大きな悪影響が出てしまうおそれがあるところである。

2　顧客情報の漏えい

<事例>

引越業を営むＡ社にアルバイトスタッフとして勤務しているＸは、あ

る日、依頼者宅に向かったところ、依頼者が人気有名芸能人であることを知った。そこで、Xは、自分のスマートフォンで、室内にいる当該芸能人を隠し撮りして、Twitterにその写真をアップするとともに、「今○○の家で引越作業しています！」、「これから△△ヒルズに荷物を運ぶところです！」などと書き込んだところ、その写真および書き込みがたちまちネット上で拡散されて問題視されるようになり、A社が謝罪する事態になった。

(1)　SNSによる顧客情報漏えいの事例とその特徴

SNS上で顧客情報の漏えいが問題になった事例としては、芸能人の来店状況をTwitter等のSNSに書き込んだというケースが多い。社会的に大きく話題になった事例として、以下二つの著名な事例を紹介する。

①　NAAリテイリング事件

本件は、成田空港の免税店で働いていた派遣社員が、来店した俳優のクレジットカードの伝票（そこにはカード番号の一部や署名が写っていた）を携帯電話で撮影し、LINEで同僚の店員ら数名に送信したところ、写真を送られた同僚アルバイトの一人が、自身のTwitterで、当該画像とともに「今日お店に○○○○さんが来ました」と投稿したという事案である。直後に投稿を問題視するコメントが寄せられ、20分ほどで当該投稿は削除されたものの、ネット上のニュースで取り上げられ、会社は公式ホームページに、「今回の事態を厳粛に受けとめまして、弊社はもとよりグループ会社全職員にコンプライアンスの重要性を再認識させるとともに、個人情報の保護について徹底するなど職員教育を強化し、グループ一丸となって再発防止に万全を期し、信頼回復に努めていく所存です」との謝罪文を掲載した。

②　ウェスティンホテル東京事件

ウェスティンホテル東京内のレストランに勤務していた学生アルバイ

ト従業員が、自身の Twitter で、「○○○○と△△△△がご来店　△△△△まじ顔ちっちゃくて可愛かった…今夜は 2 人で泊まるらしいよお、これは…（どきどき笑）」などと現役 J リーガー選手とファッションモデルがホテルに宿泊することを投稿したところ、ネット上で当該アルバイト従業員のモラルを問う声が相次ぎ、当該アルバイト従業員がウェスティンホテル東京に勤務していることを含む個人情報が特定され、ネット上のニュースで取り上げられる事態になった。これを受け、同ホテルは、公式ホームページ上に総支配人名義で、「当該従業員には厳しい処分を下すと共に、全従業員へのお客様情報の守秘義務等に関する教育を再度徹底し、再発防止に全力を挙げて取り組んでまいります」との謝罪文を掲載する事態に発展した。

上記①②の事例以外にも、たとえば、コンビニエンスストアのアルバイト店員が、Twitter で、プロサッカー選手が来店したことを防犯カメラの映像をつけて投稿した事例や、引越業者のスタッフが、Twitter で、有名ミュージシャンの引越作業をリアルタイムで投稿した事例など例を挙げれば枚挙に暇がない。

有名人の来店情報を第三者に漏らすということは、以前からあったことと思われるが、これまでは周囲のごく限られた友人等との間のやりとりにとどまり、結果的に特に大きな問題にはならなかった。しかし、今では SNS を通じて、簡単に世界中の人に発信できるようになったため、不特定多数に顧客情報が簡単に漏えいしてしまい、その影響も大きいものになってしまう。

⑵　個人情報漏えいにより発生するリスク

㈀　プライバシー侵害、肖像権侵害による損害賠償責任を負うおそれがあること

(A)　プライバシー侵害

本事例および上記①②の事例のように従業員が顧客の来店情報等を Twitter 等に投稿した場合、漏えいした従業員本人は当該顧客に対してプラ

イバシー権侵害による不法行為責任（民法709条）を負う可能性があり、その従業員の使用者である会社も使用者責任（同法715条）を負う可能性がある。

この点、プライバシー権を法律上明確に定義づけした規定は存在せず、裁判所の定義も一様ではないが、プライバシーの権利を認めたリーディングケースである「宴のあと」事件（東京地判昭和39年9月28日判例タイムズ165号184頁）では、裁判所は、プライバシー権を「私生活をみだりに公開されないという法的保障ないし権利」と定義している。そして、同事件では、プライバシー侵害に当たるかどうかは、開示等された情報が、

(i)　私生活上の事実または私生活上の事実らしく受け取られるおそれのあることがらであること

(ii)　一般人の感受性を基準にして当該私人の立場に立った場合公開を欲しないであろうと認められることがらであること、換言すれば一般人の感覚を基準として公開されることによって心理的な負担、不安を覚えるであろうと認められることがらであること

(iii)　一般の人々に未だ知られていないことがらであること

(iv)　このような公開によって当該私人が実際に不快、不安の念を覚えたこと

という四つの要件を満たしているかどうかで判断している。

この点、上記①のNAAリテイリング事件では、クレジットカードのカード番号が一部とはいえ漏えいしており、これは通常公開を欲しない情報であり、プライバシー権侵害に当たる可能性が高いと思われる。また、上記②のウェスティンホテル東京事件についても、単に芸能人がホテルのレストランに来店したという情報だけであれば、必ずしも公開を欲しない情報とは言い切れないが、異性の芸能人といっしょにいたことや、ホテルに宿泊することまで書き込まれており、当該芸能人らが交際していることは世間にまだ知られていなかったことからすれば、プライバシー侵害に当たる可能性が高いと思われる。なお、来店したという情報だけでも、その店舗の業態等によってはプライバシー侵害に当たる可能性はある（アダルトビデオ店に来店したこと

等につきプライバシー侵害を肯定した事例として、東京地判平成18年 3 月31日判例タイムズ1209号60頁)。

本事例では、当該芸能人の引越先のマンション名を書き込んでおり、居所を明らかにされれば、私生活上の平穏が脅かされるおそれがあることから、プライバシー侵害に当たる可能性が高いといえる（東京地判平成 9 年 6 月23日〔ジャニーズゴールドマップ事件〕判例時報1618号97頁参照)。

なお、裁判例では、顧客の住所、氏名、電話番号、メールアドレス等の個人情報が流出した事案で、一人当たり6000円（慰謝料5000円、弁護士費用1000円）の損害賠償を認めた事案（大阪地判平成18年 5 月19日〔Yahoo!BB 顧客情報漏えい事件〕判例タイムズ1230号227頁）や、講演会の参加申込者の氏名等を警察に開示した事案で、一人当たり5000円の慰謝料を認めた事案（東京高判平成16年 3 月23日〔早稲田大学江沢民主席講演会名簿提出事件・差戻後控訴審〕判例時報1855号104頁）があり、賠償額のイメージの参考になる。

(B)　肖像権侵害

また、プライバシー権に近接する権利として、肖像権という権利がある。最判昭和44年12月24日〔京都府学連デモ事件〕判例時報577号18頁は、「肖像権と称するかどうかは別として」としつつ、「何人も、その承諾なしに、みだりにその容ぼう・姿態（中略）を撮影されない自由を有する」と判示しており、その後の裁判例では、上記権利を明確に肖像権として認めている（東京地判平成12年10月27日判例タイムズ1053号152頁等)。この点、本事例では、部屋にいた当該芸能人を隠し撮りした写真を Twitter 上にアップしており、肖像権侵害に当たる可能性が高いといえる。

(C)　使用者責任により会社が損害賠償責任を負う可能性があること

プライバシー侵害、肖像権侵害による損害賠償責任は情報を漏えいした従業員が負うものであるが、従業員が事業の執行について第三者に損害を加えた場合はその使用者にも損害賠償責任が発生する(民法715条 1 項)。そこで、従業員が業務中に知った顧客の来店情報等を Twitter 等に投稿して、顧客のプライバシー権や肖像権を侵害した場合に、その従業員が勤める会社に使用者責任が発生するかどうかが問題になる。この点、業務時間中に書き込みを行った場合や、業務時間中でなくても会社貸与の携帯電話を使用して書き込みを行った場合は、「事業の執行について」顧客に損害を与えたとして、使用者責任を負う可能性がある（東京地判平成24年1月31日判例時報2154号80頁)。本事例では、Twitter への書き込みは当該アルバイトスタッフの個人的関心に基づき自分の携帯電話から行われているものであるものの、業務で知った情報を業務時間中に Twitter 上にアップしており、使用者責任を負う可能性は否定できない。

(イ)　名誉毀損による損害賠償責任、名誉毀損罪成立の可能性があること

たとえば、SNS 上に有名人の写真をアップする際に、あわせて当該有名人を誹謗中傷するような書き込みをした場合、当該有名人の名誉＝社会的評価を低下させ、または低下を招く危険性を生じさせたとして、名誉毀損に基づく損害賠償責任を負う可能性がある。

また、他人の名誉を毀損した場合、上記損害賠償責任という民事上の責任だけではなく、刑事上の名誉毀損罪（刑法230条１項）が成立する可能性もある（法定刑は、３年以下の懲役もしくは禁錮または50万円以下の罰金)。

なお、名誉毀損罪が成立するには、たとえば「〇〇は店員をどなりつけていた」等の「事実の摘示」(刑法230条１項）が必要とされているのに対し、民事上の名誉毀損では、「問題とされる表現が、人の品性、徳行、名声、信用等の人格的価値について社会から受ける客観的評価を低下させるものであれば、これが事実を摘示するものであるか、又は意見ないし論評を表明するものであるかを問わず、成立し得るものである」とされている（最判平成９年９月９日民集51巻８号3804頁)。たとえば「〇〇はめちゃくちゃ性格が悪い」といった意見または論評でも民事上では名誉毀損が成立する可能性があり、民事上の名誉毀損の成立範囲のほうが刑事上の名誉毀損よりも成立範囲が広い（もっとも、刑法でも、事実を摘示しなくても、公然と人を侮辱した者には、侮辱罪（刑法231条）が成立する）点は、注意しなければならない。

(ウ)　レピュテーションが低下するリスクがあること

(A)　レピュテーションリスク

従業員のSNS等への書き込みは、上記プライバシー侵害による損害賠償責任の問題のほか、これにより、会社のレピュテーションが大きく損なわれ、顧客離れが生じて売上げが下がってしまったり、株価に影響が生じてしまう可能性も考えられる。

(B)　匿名で書き込みをしても特定されるおそれがあること

勤務先等を伏せて匿名で書き込みをしていれば問題ないと考えている従業員もいると思われるが、インターネット上にアップされているさまざまな情報から、書き込んだ従業員の身元や勤務先がすぐに特定されてしまう場合も少なくないので、注意が必要である。

たとえば、上記②のウェスティンホテル東京事件では、当該従業員は、匿名（ただし、アカウントにローマ字表記した自分の名前を入れていた）で勤務先等も伏せて書き込みをしていたが、Twitterのプロフィールや他のSNS(mixi)に載せていた情報から通っていた大学等が特定され、ネットに上がっていたその大学の部活動の記録から当該従業員の本名が特定されている。また、Twitterの他の書き込みの内容や他のSNS（ついっぷる）に掲載していた写真から勤務先も特定されてしまっている。

上記①②の事例とも、当該書き込みがなされた直後から書き込みが問題視され、ニュースでも取り上げられるようになってしまった。もし従業員が問題のある書き込みをして顧客情報が漏えいした場合は、レピュテーションリスクを最小限に抑えるためにも、マスコミ対応、プレスリリースの公表、当該従業員に対する処分等素早い対応が求められる（第4章参照)。

3　不適切な業務遂行に関する記載

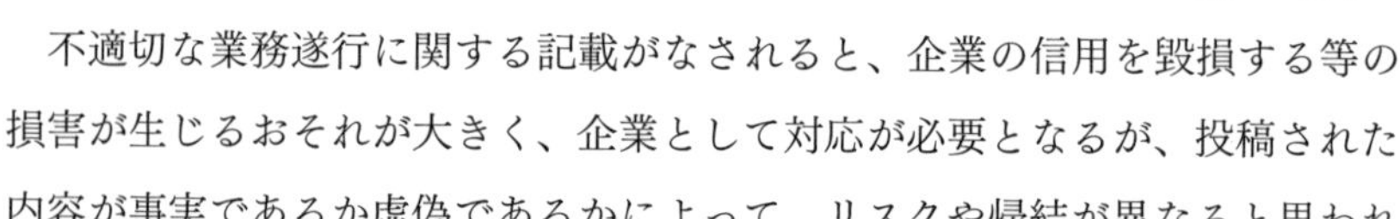

不適切な業務遂行に関する記載がなされると、企業の信用を毀損する等の損害が生じるおそれが大きく、企業として対応が必要となるが、投稿された内容が事実であるか虚偽であるかによって、リスクや帰結が異なると思われ

るため、投稿された内容が事実である場合（事例①)、および、投稿された内容が事実でない場合（事例②）に分けて解説する。

<事例>

① コンビニエンスストアを経営するA社で勤務しているアルバイト X_1 が、自身のTwitterに、コンビニエンスストアのアイスクリームを入れる冷凍庫の中に入り、商品であるアイスクリームの上に寝そべった写真を投稿した。発覚後、A社では直ちに、冷凍庫内部の商品を廃棄し冷凍庫を洗浄した。

② 牛丼チェーン店を経営するB社で勤務するアルバイト X_2 が、自身のTwitterに、「鍋にションベンしてきます」と投稿した。この投稿に対して非難の投稿が相次いだ。ところが、B社が調査を行った結果、問題の投稿がなされた日には X_2 は出勤しておらず、X_2 の投稿が虚偽であることが判明した。

(1) 事例の解説

(ア) 事例①（投稿が事実であるケース）

事例①は、従業員がSNSに不適切な業務遂行に関し事実を投稿をした事案である。実際の事例でも、たとえば、コンビニエンスストアの従業員が冷凍庫に入った写真を投稿した事例、ピザチェーン店の従業員がピザ生地を顔に貼り付けている写真を投稿した事例、そば屋の従業員が食器洗浄機に入っている写真を投稿した事例（後述)、ステーキレストランの従業員が冷蔵庫に入った写真を投稿した事例（後述)、寿司屋の従業員が切った魚をゴミ箱に入れ再びまな板の上も戻す動画を投稿した事例、カラオケボックスの従業員が唐揚げを床にこすりつけてから揚げる動画を投稿した事例、ピザ屋の従業員がピザを食べながらピザを切り分ける動画を投稿した事例等、多くの事例が報道されている。

(イ) 事例②（投稿が事実でないケース）

事例②は、従業員がSNSに不適切な業務遂行に関して事実でない投稿をした事案である。実際の事例でも、たとえば、フライドチキンチェーン店の従業員が「ゴキブリ揚げたてムービー撮ればよかった」旨投稿した事例、牛丼チェーン店の従業員が「肉鍋にゲロ吐いてきます」旨投稿した事例等が報道されている。

(ウ) 事例の特徴

多くの人が関心をもつ情報がソーシャルメディアに投稿されると、投稿をみたユーザーがソーシャルメディアを通じてその情報を共有し、「共有された人がさらに共有する」ことを繰り返すことによってネズミ算式に多くの人に注目されることになるところ[1]、企業の不適切な業務遂行に関する投稿は多くの人が関心をもち大きな反響が予想されるため、注目を浴びたい投稿者がこのような投稿を行う事案は比較的発生しやすいと考えられる。

平成25年夏ごろには、アルバイトが不適切な業務遂行に関する記載を行い、企業の信用を毀損し、経済的損失を与える事例が相次いだことから「バイトテロ」との造語が生まれ、平成31年2月ごろにも、飲食チェーン店を中心に、Instagramのストーリーズなどに不適切動画を投稿し、これがTwitter等で拡散するネット炎上事件が多発し、あらためて「バイトテロ」「バカッター」「バカスタグラム」が話題になった。このような現象の背景には、アルバイトの中には若年で投稿の影響を想像できない者や、企業の構成員である自覚の低い者もおり、安易に不適切な投稿をしやすいことを指摘することができる。

(2) 信用毀損、財産的損害のリスク

(ア) 信用毀損

従業員によってSNSに不適切な業務遂行に関する投稿がなされた場合、

1　塩原将『ソーシャルメディアリスク対策の実務』44頁（秀和システム、2013年）。

（投稿が事実である場合には特に）企業の業務遂行が適切になされていないかのような印象を消費者や顧客、取引先などに対して与えるため、企業の信用を毀損するおそれが大きい。たとえば、飲食物を入れる冷凍庫の中に人間が入ったり（事例①）、飲食物を入れる鍋に放尿したとの投稿がなされれば（事例②）、冷凍庫内部や鍋、商品である飲食物に汚れが付くとの印象を与え、飲食物の衛生状態への信用が失われる。

そして、SNSでの投稿を含め、インターネット上にアップロードされた情報はコピー・保存が容易であり、あっという間に情報が世界中に拡散するため、「不適切な業務遂行に関する記載」による企業の信用へのダメージは大きく、取り返しの付かないものになりかねない。

(イ)　財産的損害

信用毀損によって発生し得る財産的損害には、積極的損害（現実損害）と消極的損害（得べかりし利益の喪失）がある。

まず、積極的損害としては、事例①では、「冷凍庫内部の商品を廃棄」し「冷凍庫を洗浄」したことによる損害が含まれる。事例①と類似のケースとして、平成25年7月にコンビニエンスストアで従業員がアイスクリームのケースの中に入り、その写真がTwitterに投稿された事案では「当該店でのアイスクリーム商品ならびにアイスクリームケースを撤去」し会社がホームページで謝罪しており、大きな積極的損害が生じている。

また、消極的損害としては、信用毀損によって売上げが減少することなどが考えられる。

(ウ)　信用毀損に関する意識調査の結果

業務遂行に関する信用毀損について、株式会社トライベック・ブランド戦略研究所「ブランドなんでもランキング」の「第36回　企業社員による不祥事に対する意識調査」(http://japanbrand.jp/ranking/nandemo/36.html)によると、「社員の不祥事についてあなたはどのように思いますか」[2]との質問に対し、

2　同調査が想定している「不祥事」の内容は明らかではないが、一般的な意義としては、不名誉で好ましくない事件のことである。

以下のようなアンケート結果が出ている。この結果から、社員の不祥事（特に業務と関連がある不祥事）について、企業に従業員監督責任や雇用者としての責任等何らかの責任があるとの意見を持たれる傾向が見られる。

・基本的には個人の問題であると知りつつ、所属する企業の印象が悪くなるのは避けられない。　78%
・業務との関連があれば企業にもある程度の責任がある。　52%
・企業の対応如何によっては企業を好評価することもありうる。　42%
・業務との関連の有無に関わらず企業には一定の従業員監督責任がある。　28%
・業務との関連がないものまで企業の責任をとやかく言うべきでない。　24%
・業務との関連の有無に関わらず重大事件を起こした社員が在籍したことには雇用者としての責任がある。　16%
・業務との関連があっても企業がいつも従業員を監視・管理できるわけではない。　12%
・基本的には個人の問題であり、企業の印象には影響しない。　5%

もっとも、上記調査では「企業の対応如何によっては企業を好評価することもありうる」との回答が42%に上っていることから、発生後の企業の対応によっては信用毀損の損害が生じない可能性があることも看取できる。

特に、投稿された不適切な業務遂行に関する内容が事実でない場合（事例②）には、投稿が事実である場合（事例①）と異なり、企業が事実を「速やかに」「解明」することによって、その信用を守ることができる余地が大きい。従業員による投稿ではなく消費者による投稿の実例であるが、チロルチョコの事例を挙げることができる。同事例は、平成25年 6 月11日午後 1 時ころ、「チロルチョコの中に芋虫いた。どーゆーこと？ ありえない。もう絶対食べない」と Twitter の投稿がなされ、話題になったことに端を発する。これを受けて、チロルチョコの公式アカウントが、同日午後4時ころ、投稿に関し、①「現在 twitter 上でチロルチョコの中に芋虫がいたというツイートが流れている件に関しまして説明させて頂きます。現在ツイートされている商品は昨年の12月25日に最終出荷した商品で掲載されている写真から判断しますと30日〜40日以内の状態の幼虫と思われます」と回答し、あわせて、②日本チョコレート・ココア協会の Q&A を紹介し、チョコレート製品の生産段階で虫の卵や幼虫が入ることは通常なく、工場を出てからの過程で消費される間に侵入するケースが大半であると回答した。チロルチョコの事例は、投稿（チロルチョコの中に芋虫がいた）が虚偽かどうかは不明であるが、少なくとも工場における生産段階で幼虫が入ったものではない旨が「速やかに」「解明」され、沈静化に成功している。「速やかに」「解明」が要点となるのは、まず、業務遂行が不適切でないことを説明する前提として企業が事実を把握する必要があり（「解明」）、また、「解明」がなされても時間がかかってしまっては、企業の信用を低下させる情報が拡散してしまい、信用回復が困難になるためである（「速やかに」）。また、平成31年2月7日に女性が焼肉店でたれを容器から飲んだりジョッキや氷を火にかける不適切な行為を行う動画を Instagram に投稿し、当該動画の店舗が焼肉バイキング「すたみな太郎」の店舗ではないかとの情報が拡散された件では、同月12日に「すたみな太郎」を経営する株式会社江戸一が、すたみな太郎とは内装や食器等が異なる旨のプレスリリースを出しており、信用維持に一定の成果を上げたのではないかと思われる。

⑶　従業員の法的責任、企業の法的リスク

㈠　刑法上の責任

まず、事例②（投稿が事実ではないケース）の場合には、従業員の投稿行為に刑法233条の信用毀損罪・業務妨害罪（「虚偽の風説を流布し、又は偽計を用いて、人の信用を毀損し、又はその業務を妨害した者は、3年以下の懲役又は50万円以下の罰金に処する」）が成立する可能性がある。

信用毀損罪に関する裁判例では、被告人が平成10年９月にコンビニエンスストアで買った紙パック入りオレンジジュースに次亜塩素酸イオン等を成分とする家庭用洗剤を注入したうえで、警察官に対して、上記コンビニエンスストアで買った紙パック入りオレンジジュースについて「子供に飲ませたところ口の中がピリピリすると言い、帰宅した主人も口にしたところ、異変に気付いて吐き出した」旨虚偽の申告をし、警察職員からその旨の発表を受けた報道機関をして、上記コンビニエンスストアで異物の混入されたオレンジジュースが陳列、販売されていた旨の虚偽の報道がなされた事案がある。この事案について、最高裁判所は、「刑法233条が定める信用毀損罪は、経済的な側面における人の社会的な評価を保護するものであり、同条にいう『信用』は、人の支払能力又は支払意思に対する社会的な信頼に限定されるべきものではなく、販売される商品の品質に対する社会的な信頼も含む」と解釈したうえで、「被告人は、粗悪な商品を販売しているという虚偽の風説を流布して、上記コンビニエンスストアが販売する商品の品質に対する社会的な信頼を毀損した」と結論づけ、信用毀損罪の成立を認めた（最判平成15年３月11日刑集57巻３号293頁）。

事例②で「鍋にションベンしてきます」と投稿することも、虚偽の風説を流布し、販売される商品の品質に対する社会的な信頼を毀損する行為といえ、信用毀損罪が成立する可能性があると考える。

また、事例①も事例②も、偽計（人を欺き〔欺罔し〕、あるいは、人の錯誤・不知を利用したり、人を誘惑したりするほか、計略や策略を講じるなど、威力〔人の意思を制圧するような勢力〕以外の不正な手段を用いること）を用いて信用を毀損し、または業務を妨害したものとして、信用毀損罪や業務妨害罪が成立する可能性があると考える。

(イ)　民事法上の責任

不適切な業務遂行に関する投稿をした事案では、企業が加害者である従業員に対して民事法上の責任を追及することがある。

(A)　損害賠償

まず、企業が財産的損害（現実損害や得べかりし利益の喪失）を被った場合には、その損害を補塡するため、問題の投稿をした従業員に対して、損害賠償を求めることが予想される。その根拠としては、債務不履行責任（民法415条、416条）および不法行為責任（同法709条、710条）が考えられる。

債務不履行責任が認められるためには、契約当事者間において、「債務者〔従業員〕がその債務の本旨に従った履行をしない」（債務不履行。給付する際に必要な注意を怠る場合なども含まれる）、「債務者〔従業員〕の責に帰すべき事由」、「損害」、因果関係が必要である。また、不法行為責任が認められるためには、「故意又は過失によって」、「他人〔企業〕の権利又は法律上保護される利益を侵害」（違法性）、「損害」、因果関係が必要である。両者は別個の請求であり、要件を満たす限り併せて請求できるとされている（最判昭和38年11月5日民集17巻11号1510頁。〔　〕は筆者注）。

そして、「損害」については、金銭賠償を求める前提として、損害を金銭的に評価する必要がある。すなわち、事例①における「冷凍庫内部の商品を廃棄」し「冷凍庫を洗浄」した現実損害（商品価値、廃棄費用、洗浄費用等）や信用毀損による売上げ減少のように、損害を金銭的に説明する必要がある。

(B)　懲戒処分や解雇

また、企業の信用を毀損することは、通常、就業規則の服務規律の規定に違反し、懲戒事由に該当するため、企業秩序の維持という観点から、企業が問題の投稿をした従業員に対して懲戒処分や解雇を行うことが予想される。

懲戒処分を行うためには就業規則に懲戒の種別および事由を定め（最判平成15年10月10日〔フジ興産事件〕労働判例861号5頁）、その懲戒事由に該当する事実が存在することが必要である。また、解雇を行うためには就業規則に解雇事由を定めること（労働基準法15条、89条3号）、これに該当する事実が存在すること、および解雇予告を行うか解雇予告手当を支払うこと（同法20条）が必要である。さらに、懲戒処分や解雇が「客観的に合理的な理由を欠き、社会通念上相当であると認められない場合」（懲戒処分について労働契約法15条、解雇について同法16条）には、処分が無効となる。懲戒処分の客観的合理性は、当該懲戒処分に係る具体的な行為が、当該種類の処分の理由として規定された懲戒事由に該当するといえるか否か等による[3]。懲戒処分の相当性に関しては、非違行為の性質・態様や被処分者の処分歴などに照らして重きに失すると無効となるとされている。解雇の客観的合理性は労働者の適格性の欠如・喪失、労働者の職場規律（企業秩序）の違反行為といった就業規則上の解雇事由の有無と理解できる[4]。解雇の相当性に関しては「一般的には、解雇の事由が重大な程度に達しており、他に解雇回避の手段がなく、かつ労働者の側に宥恕すべき事情がほとんどない場合のみに解雇を認めている」[5]とされている。

これらの処分に関する紛争としては、従業員が企業に対し、当該処分の無効を主張することが予想される。

事例①で冷凍庫の中に入った写真を投稿することは、A社の飲食物の衛生状態への信用を毀損する行為といえ、就業規則上の非違行為に該当することが通常と思われる。商品である飲食物の衛生状態に対する信用毀損や「冷凍庫内部の商品を廃棄」（事例①）という財産的損害は重大であるので、被処分者の処分歴や報道の有無等の事情によっては、懲戒処分や解雇が認められる余地があると考える。事例①とやや状況は異なるが、信用毀損を理由に懲戒解雇を認めた裁判例としては、専門学校教員であるXが、業務用PCを使用してインターネット上の出会い系サイト等に投稿し多数回の私用メール（発信元が使用者のものと推知でき、露骨に性的関係を求める内容で、第三者も閲覧可能な状態にあった）を送受信したことから、専門学校がXを懲戒解雇としたところ、Xが懲戒解雇の無効の確認と未払給与および未払賞与の支払いを求めた事案について、「学校の品位、体面及び名誉信用を傷つける」などと判断し、「非違行為の程度及び教育者たる立場」も考慮し、懲戒解雇を有効と判断したもの（福岡高判平成17年９月14日〔K工業技術専門学校（私用メー

3　菅野和夫『労働法〔第12版〕』716頁（弘文堂、2019年）。
4　菅野・前掲〈注３〉786頁～787頁。
5　菅野・前掲〈注３〉787頁。

ル）事件〕労働判例903号68頁）などがある。

事例②では、信用毀損や財産的損害の重大性、被処分者の処分歴等が問題になり得ることは事例①と同様であるが、投稿が事実でないことから現実損害は発生せず、企業が事実を速やかに解明し、信用へのダメージが小さくなれば、重い懲戒処分や解雇を行うことは権利濫用と判断される余地が大きくなると考える。

(4)　実際の事例

実際の事例でも、以下のように、不適切な投稿から企業の衛生等に関する信用を毀損し、倒産という重大な結果が発生するケースや、従業員に対する解雇や損害賠償請求に発展するケースが発生している。

〔実例〕　そば屋の店舗を営む有限会社泰尚の大学生アルバイト４名が、平成25年８月９日に「洗浄機で洗われてきれいになっちゃった」というコメントを付けて厨房内の食器洗浄機に横たわったり、店の茶碗をブラジャーのように裸の胸に当てたりした写真をTwitterで公開した。これらの行為がインターネットにより広く知られ、店舗に「不衛生だ」などと苦情の電話が相次ぎ、店舗は営業継続が困難となり同年９月に閉店し、泰尚は同年10月９日に倒産した。インターネットの情報によると、店主らは上記アルバイトら４名に対して1385万円の損害賠償を求め訴訟を提起し、その後上記アルバイト４名が計200万円の和解金を支払う和解が成立して訴訟が終了しているとのことである。

〔実例〕　株式会社ブロンコビリーが営むステーキレストラン「ブロンコビリー」足立梅島店の男性アルバイト２名が、「バイトなう　残り10分」とのつぶやきとともに、身体の半分以上が冷蔵庫に入った同僚アルバイトの写真を平成25年８月５日にTwitterに投稿した。同店舗は翌６日から休業し、アルバイト２名は解雇されたが、同店舗は営業を再開することなく閉店し、同年８月当時株式会社ブロンコビリーはアルバイトらに対し、損害賠償請求を検討しているとのことであった。

4　誹謗中傷に関する記載

従業員による誹謗中傷に関する記載については、まず、誹謗中傷の対象に関し、⑴従業員がSNSにおいて使用者、その役員または他の従業員を誹謗中傷する投稿を行う事例（下記の事例①）、および、⑵従業員がSNSにおいて社外の第三者を誹謗中傷する投稿を行う事例（下記の事例②および事例③）に大別できる。

加えて、社外の第三者を誹謗中傷する投稿については、従業員の第三者に対する責任の問題に加え、使用者の第三者に対する責任の問題を生じ得るため、使用者との関係の強弱により事例を分けた。事例②は、就業時間外に、個人所有のスマートフォンを利用した、いわば使用者とは無関係に投稿が行われたケース、事例③は、就業時間中に、使用者から貸与されているPCを利用した、使用者との結び付きがわかりやすいケースとした。

さらに、表現内容が虚偽かどうかによっても帰結が異なり得るため、解説では、表現内容が虚偽の場合にも言及した。

以下、トラブル例を踏まえ解説する。

〈事例〉

①　学習塾を営むＡ社の社員X_1が、ある日突然自身のTwitterアカウントにおいて、Ａ社について「ネズミ講をやっている詐欺師集団」、同社の代表取締役Y_1や従業員Y_2について実名を挙げて「ネズミ講をやっているプロの詐欺師」などと誹謗中傷をする投稿をした。

②　Ｂ社の従業員X_2が、就業時間外に、個人所有のスマートフォンを利用して、自身のTwitterアカウントにおいて、Ｂ社とは無関係の

Y₃について「ネズミ講をやっている詐欺師」などと誹謗中傷する投稿をした。

③　C社の従業員X₃が、就業時間中に、C社から貸与されているPCを利用して、自身のTwitterアカウントにおいて、C社が警備を委託している他社の従業員である警備員Y₄について、「オールバックのチビの警備員が女子トイレで盗撮をしていた」などと容姿などからY₄であると特定可能な方法で虚偽の内容の投稿をした。なお、TwitterアカウントにはX₃がC社の従業員である旨は記載されていなかったが、同じ名前、画像が登録されているX₃のFacebookのアカウントの記載から、X₃がC社の従業員であることは容易にわかる状況であった。

(1)　事例①（従業員による、使用者、その役員または他の従業員を誹謗中傷する投稿）

(ア)　事例の解説

事例①は、従業員がSNSにおいて使用者、その役員または他の従業員を誹謗中傷する投稿を行う事例である。

(イ)　使用者、その役員または従業員に対する名誉・信用毀損

誹謗中傷は、これを受ける者の名誉や名誉感情、信用を傷つける。これが企業に対して行われれば企業の名誉や信用を毀損し、役員または他の従業員に対して行われれば、対象にされた役員や従業員の名誉や名誉感情、信用を傷つけるほか、その内容が業務に関連すれば、業務を行う企業の名誉や信用も傷つけられる可能性がある（いわゆる「レピュテーションリスク」)。さらには誹謗中傷という不適切な投稿を行う従業員を雇用しているという意味でも、企業の信用が傷つけられることが予想される。

特にこれらがSNSによってなされた場合、SNSにはあっという間に情報が世界中に拡散し、回収が困難となる特性があることから、名誉、信用への

ダメージは、大きく、取り返しの付かないものになりかねない。

(ウ) 従業員の法的責任、使用者の法的リスク

名誉や信用は法律上保護されており、まず、従業員の誹謗中傷の投稿は、刑法上、名誉毀損罪（刑法230条「公然と事実を摘示し、人の名誉を毀損」）や侮辱罪（同法231条「事実を摘示しなくても、公然と人を侮辱」）に該当するおそれがあり、また、虚偽のうわさを流して信用を傷つけた場合には信用毀損罪や業務妨害罪（同法233条「虚偽の風説を流布し、又は偽計を用いて、人の信用を毀損し、又はその業務を妨害」）等に該当する可能性がある。名誉毀損罪と侮辱罪の違いは、事実の摘示の有無である。なお、名誉毀損罪は、①公共の利害に関する事実に係り、②目的がもっぱら公益を図ることにあり、③事実が真実であることの証明があったとき（事実が真実であることの証明がなくても、行為者が事実を真実だと誤信し、誤信したことについて確実な資料、根拠に照らして相当の理由があるときを含む）には成立しない（同法230条の2）。

事例①の事案では、X_1の行為は「ネズミ講をやっている」などの虚偽の事実を摘示してA社などの社会的評価を低下させるものであるため、名誉毀損罪に該当する可能性がある。

次に、民事法上も、名誉は保護の対象になっており（民法710条参照）、被害者である企業または個人は加害者に対し不法行為に基づく損害賠償（同法709条、710条）や謝罪広告を出すこと（名誉回復、同法723条）、書き込みの削除（差止め）を求め得る。また、この事例は従業員が使用者に対してダメージを与える場面であることから、使用者が当該従業員に対して懲戒処分、解雇等の処分を行うことが考えられるが、これらの処分に関する紛争としては、従業員が使用者に対し、当該処分の無効を主張することが予想される。裁判例としては、日本経済新聞社の記者であるXが、個人開設のホームページの中で、日本経済新聞社の記者であることを明らかにし、業務上知り得た事実や体験を題材とした社内批判等の記事（Xが取材対象者について「適当に名前を考え」新聞記事にした旨、同社が「天然記念物級の古く汚れた組織」、「屍姦症的性格を帯びた邪悪な企業」である旨等）を記載したことから、日本経済

新聞社がXに対して14日間の出勤停止の懲戒処分を行い、配置転換を行ったところ、Xが懲戒処分の無効の確認と、懲戒処分や配転命令の違法を理由とする慰謝料を求めた事案について、企業秩序維持遵守義務違反を認め、Xの請求を棄却したもの（東京地判平成14年3月25日〔日本経済新聞社（記者HP）事件〕労働判例827号91頁）などがある。

なお、これらの処分に関しては、平成18年4月に施行された公益通報者保護法が、国民の生命・身体・財産にかかわる犯罪行為等に関して通報を行った者を保護している点に注意が必要である（同法は令和2年6月8日に改正法が成立しているが、未施行（令和4年6月12日までに施行）のため、ここでは現行法により説明している）。

○公益通報者保護法

（解雇の無効）

第3条　公益通報者が次の各号に掲げる場合においてそれぞれ当該各号に定める公益通報をしたことを理由として前条第1項第1号に掲げる事業者が行った解雇は、無効とする。

一　通報対象事実が生じ、又はまさに生じようとしていると思料する場合　当該労務提供先等に対する公益通報〔筆者注：事業者内部に対する通報〕

二　通報対象事実が生じ、又はまさに生じようとしていると信ずるに足りる相当の理由がある場合　当該通報対象事実について処分又は勧告等をする権限を有する行政機関に対する公益通報〔筆者注：行政機関に対する通報〕

三　通報対象事実が生じ、又はまさに生じようとしていると信ずるに足りる相当の理由があり、かつ、次のいずれかに該当する場合　その者に対し当該通報対象事実を通報することがその発生又はこれによる被害の拡大を防止するために必要であると認められる者に対する公益通報〔筆者注：事業者外部に対する通報〕

イ〜ホ　（略）

〔図解〕[6]

通報先	目　的	真実性	外部通報要件
事業者内部	不正目的なし		
行政機関	不正目的なし	真実・真実相当性	
事業者外部	不正目的なし	真実・真実相当性	3条3号イ〜ホのいずれかに該当

（不利益取扱いの禁止）

第5条　第3条に規定するもののほか、第2条第1項第1号に掲げる事業者は、その使用し、又は使用していた公益通報者が第3条各号に定める公益通報をしたことを理由として、当該公益通報者に対して、降格、減給その他不利益な取扱いをしてはならない。

2　（略）

公益通報者保護法上、事業者外部への「公益通報」については「通報対象事実が生じ、又はまさに生じようとしていると信ずるに足りる相当の理由」が必要とされ（3条3号）、通報先についても「正当な利益を害するおそれがある者を除く」（2条1項）とされているため、事例①の事案が、事実無根の誹謗中傷を、事実と信じる相当な理由もなく突然ネットに投稿するような事案であれば、公益通報には当たらない。ただし、仮に公益通報者保護法が適用されないとしても、直ちに解雇等の処分ができるわけではなく本章3(3)(イ)(B)で述べた解雇等の要件を満たす必要はある。

第三者への通報に関する裁判例としては、学校法人の講師が、記者会見を開き、理事長が不正経理をしたなどと主張しその旨が新聞に掲載されたことなどから、学校法人が当該講師を普通解雇した事案がある。この事案について、東京高等裁判所は、「まずは控訴人（筆者注：使用者）内において運営委

6　荒木尚志『労働法〔第4版〕』505頁（有斐閣、2020年）による。

員会、職員会議（中略）、評議委員会、役員会あるいは理事会等の内部の検討諸機関に調査検討を求める等の手順を踏むべきであり、こうした手順を捨象していきなりマスコミ等を通じて外部へ公表するなどという行為は、控訴人との雇用契約において被控訴人（筆者注：従業員）らが負担する信頼関係に基づく誠実義務に違背するものであり許されない」などと判断して、解雇を有効と判断している（東京高判平成14年４月17日〔群栄学園（解雇）事件〕労働判例831号65頁）。

他方で、仮に事例①にいう「ネズミ講」が無限連鎖講の防止に関する法律[7]に違反する「無限連鎖講」（金品を出えんする加入者が無限に増加するものであるとして、先に加入した者が先順位者、以下これに連鎖して段階的に２以上の倍率をもって増加する後続の加入者がそれぞれの段階に応じた後順位者となり、順次先順位者が後順位者の出えんする金品から自己の出えんした金品の価額または数量を上回る価額または数量の金品を受領することを内容とする金品の配当組織）であり、使用者や消費者庁に対して通報をする場合や、使用者に通報したものの使用者が調査を行おうとしないため消費者団体に通報する場合などには、公益通報に当たると思われる。その場合、通報をしたことを理由に解雇、降格、減給その他不利益な取扱いをすることはできない（公益通報者保護法３条、５条）。

⑵　事例②および③（社外の第三者を誹謗中傷する投稿）

㋐　事例の解説

次に、事例②は従業員がSNSにおいて社外の第三者を誹謗中傷する投稿を行う事例、事例③は従業員がSNSにおいて社外の第三者に関する虚偽の

7　公益通報者保護法の通報対象となる法律は、令和３年２月１日現在474本あり、その一覧は消費者庁のホームページ（https://www.caa.go.jp/policies/policy/consumer_system/whisleblower_protection_system/overview/subject/assets/overview_subject_210201_0001.pdf）において公表されており、「無限連鎖講の防止に関する法律」は通報対象となる法律に含まれている。同法は「無限連鎖講」の開設、運営、勧誘することを禁止しているため、これに該当する『ネズミ講』の事実を使用者や消費者庁などに対して通報する場合、公益通報者保護法によって保護され得る。

内容の投稿を行う事例であるが、いずれも当該第三者の名誉、信用を毀損する点において共通している。しかし、事例②は「就業時間外に、個人所有のスマートフォンを利用」して行われた、いわば使用者とは無関係に行われた投稿であるのに対し、事例③は「就業時間中に、C 社から貸与されている PC を利用」し、使用者の支配下で行われた投稿ともいえ、両事例は使用者との関係において異なっている。

(イ) 使用者に対する信用毀損

これらの事例は、投稿によって直接に使用者、その役員または従業員の名誉や信用を傷つけるものではない。

また、使用者は投稿の加害者ではなく、原則的には法的責任（損害賠償責任）を負わないと思われる。

ただ、(ウ)において詳述するとおり、従業員の第三者に対する不法行為が、使用者の「事業の執行について」（外形的にみて従業員の職務の範囲に属する行為を含むと解されている。最判昭和37年11月 8 日民集16巻11号2255頁）なされた場合には、使用者は従業員と連帯して損害賠償責任を負うとされている（使用者責任。民法715条 1 項）。この点従業員が就業時間中に、使用者から貸与されている PC を利用して違法な投稿をした場合（事例③）には、外形的にみて従業員の職務に属する行為として、使用者が法的責任（損害賠償責任）を負う余地もあると解される。また、法的責任を追及されていることが公になれば、使用者の信用が傷つけられる可能性がある。

さらに、法的責任とは別に、従業員が行った誹謗中傷等の投稿により、使用者が社会的・道義的責任を問われ、ひいては使用者の信用が傷つけられる事態も予想される。従業員が行った誹謗中傷等の投稿に関し使用者が社会的・道義的責任を認め、またはこれらの責任を問われ、使用者の信用が傷つけられた実例として、以下のものがある。

〔実例〕　従業員による誹謗中傷の事例

平成23年 5 月に、スポーツ用品メーカーのアルバイト社員が Twitter

で、来店したスポーツ選手と同伴者について「ビッチ（筆者注：女性を罵る言葉）を具現化したような女と一緒」などと誹謗中傷する投稿をした。この投稿はすぐに2ちゃんねる（電子掲示板）で話題になり、非難が寄せられたほか、投稿者がTwitter上で名前や顔写真を公表し、また、同人が所属する大学のゼミナール紹介のウェブサイトでも同人の名前や写真、プロフィールが公表されていたことから、これらの情報がインターネット上に流出した。会社は選手と所属チームに対して報告・謝罪し、また、顧客に対して会社の公式ホームページ上で「お詫びとご報告」と題する文章を掲載して報告・謝罪した。

〔実例〕 内定者による暴言の事例

平成23年2月に、Twitterで「レイプねー。別に悪いと思わない」、「女がわりー」などとの投稿がなされた。Twitter上の情報から投稿者のmixiのアカウントが発見され、同アカウントでは投稿者の実名、写真、大学名、所属サークル名、内定先（大手百貨店）が公開されており、これらの情報がインターネット上に流出した。内定先の百貨店に対しては、電話やメールで多くの批判や投稿者の内定取消しを求める声が寄せられた。

なお、従業員が行った投稿により使用者の信用が傷つけられる前提として、投稿者と使用者が結び付けられる必要があるが、SNSの特性として、複数のメディアの情報を組み合わせることにより、投稿者の個人情報や使用者名等が特定されやすく、投稿者と使用者が結び付けられやすいことを指摘できる。たとえば、事例③のように、誹謗中傷の投稿がTwitterによりなされ、Twitterには使用者名が記載されていなかったとしても、同一人のものであると推知されるFacebookやmixiでは使用者名が公表されている場合などには、それらの情報の組合せにより、使用者名を特定することが可能となる。また、上記の実例でも、大手百貨店のケースではTwitterの情報とmixiの情報を組み合わせ、また、スポーツ用品メーカーのケースではTwitterの情報とゼミナール紹介のウェブサイトの情報を組み合わせ、使用者名等の情報が特定されている。

(ウ)　従業員の法的責任、使用者の法的リスク

事例②および事例③の従業員の行為は、名誉毀損罪、侮辱罪ないし信用毀損罪に該当するおそれがあり、また、当該従業員が第三者から損害賠償請求を受け得る。

他方で、事例②および③においては、使用者は名誉、信用毀損の直接の被害者にも加害者にもなっていないため、使用者が法的紛争の当事者にならないケースが多いと思われる。ただし、民法上、使用者は、従業員の第三者に対する不法行為が、使用者の「事業の執行について」（外形的にみて従業員の職務の範囲に属する行為を含む）なされた場合には、従業員と連帯して損害賠償責任を負うとされており（使用者責任。同法715条１項）、使用者が法的紛争の当事者になることもある。近時の裁判例には、被告企業の従業員（被告Ｙ）が２ちゃんねる（電子掲示板）のスレッド（投稿の集まり）において被告企業に出入りするシステムエンジニア（原告）の名誉を毀損する書き込みをしたところ、原告が名誉毀損を主張して従業員（被告Ｙ）に対して損害賠償請求をしたのみならず、同従業員の使用者（被告企業）に対しても損害賠償請求（使用者責任）をした事例において、書き込み時「被告Ｙは休暇中であって、被告企業の職務執行の際に行われておらず、かつ、被告企業が貸与した携帯から書き込まれたものではなく、被告Ｙ個人の所有する本件携帯により本件書込がなされている」ことに言及して使用者の責任を否定したもの（東京地判平成24年１月31日判例時報2154号80頁。東京高判平成24年６月28日Ｄ１-Law.com判例体系ID28181381も維持）がある。

これを前提とすると、「就業時間外に、個人所有のスマートフォンを利用」して名誉毀損がなされた事例②ではＢ社の法的責任（使用者責任）は認められにくいと考える。

他方、「就業時間中に、Ｃ社から貸与されているPCを利用」しており、しかも、外形上も、Facebookのアカウントの情報から投稿者と使用者との

結び付きがわかりやすい事例③ではC社の法的責任（使用者責任）が認められるおそれがあると考える。

また、事例③の投稿だけで直ちに使用者の信用は傷つかないと思われるが、投稿によって使用者の信用が傷つけられた場合には、使用者として投稿を行った従業員に対して懲戒処分、解雇等の処分を行うことも考えられる。このような処分に関する紛争としては、従業員が使用者に対し、当該処分の無効を主張することが予想される。使用者の信用が傷つけられたことなどを理由とする処分に関する裁判例としては、業務用PCを使用してインターネット上の出会い系サイト等に投稿し多数回の私用メール（発信元が使用者のものと推知でき、露骨に性的関係を求める内容で、第三者も閲覧可能な状態にあった）を送受信した専門学校教員に対する懲戒解雇について、「学校の品位、体面及び名誉信用を傷つける」などと判断し、「被控訴人（筆者注：教員）の非違行為の程度及び教育者たる立場にあったこと」も考慮し、懲戒解雇を有効と判断したもの（前掲福岡高判平成17年9月14日〔K工業技術専門学校（私用メール）事件〕）などがある。

5　私的な行為・意見表明等の掲載によるトラブル

私的な行為・意見表明等の掲載によるトラブルについては、代表的なトラブルとして、不適切な行為や意見の投稿（事例①）、違法行為を行った旨の投稿（事例②）、投稿自体が違法行為となるケース（事例③）を取り上げ、トラブル例ごとに解説する。

＜事例＞

①　A社の従業員X_1は、自身のTwitterに、犯罪の被害者についてインターネットで知った情報をもとに「自業自得」などと投稿した。この投稿に対し、「不謹慎です」などといった批判の投稿が殺到し、

X_1のアカウントは炎上してしまった。

② B社の従業員X_2は、小売店で店員に対してクレームを述べていたところ、勢い余って店員に土下座をさせ、その様子を携帯電話で撮影した。それだけでなく、X_2はその写真を自身のTwitterに投稿したところ、X_2の投稿に対して批判の投稿が殺到した。小売店は警察に強要罪の被害届を出した。

③ C社の社員X_3は芸能人Dのファンであるが、好意が転じて、自身のTwitterに「Dを殺害する」などと投稿した。Dは警察に脅迫罪の被害届を出した。

(1) トラブルの類型

(ア) 事例①（不適切な行為や意見の投稿）

まず、事例①は、企業の従業員が違法行為を行った旨の投稿や、投稿自体が違法行為となるケースではないが、不適切な行為や意見の投稿を行ったケースである。ここで、不適切な投稿には、権利侵害、差別、不謹慎な意見、悪口などさまざまなものが含まれるが、「誰かが傷つく」という点が一つのメルクマールになると思われる。不適切な行為や意見の投稿の実例としては、以下のものがある。

〔実例〕 不適切な「意見」の投稿

平成23年２月に、Twitterで「レイプねー。別に悪いと思わない」、「女がわりー」などとの投稿がなされた。Twitter上の情報から投稿者のmixiのアカウントが発見され、同アカウントでは投稿者の実名、写真、大学名、所属サークル名、内定先（大手百貨店）が公開されており、これらの情報がインターネット上に流出した。内定先の百貨店に対しては、電話やメールで多くの批判や投稿者の内定取消しを求める声が寄せられた。

〔実例〕　不適切な「行為」の投稿

平成23年８月に損害保険会社の社員が業務時間外に電車の網棚に寝そべり、別の社員がその画像を撮影し当該画像を友人に限り閲覧が可能な状態でmixiに掲載していた。その後、当該写真が社員のものでないTwitterのアカウントに投稿され、流出した。これらの社員の使用者は行為者および関係者全員を処分し、全役職員に対し業務時間外であっても節度ある言動を行うよう注意喚起を実施し、ホームページに謝罪文を掲載した。

㈡　事例②（違法行為を行った旨の投稿）

Twitterで「万引きしてきた」「飲酒運転なう」「覚せい剤」といった違法行為に関する単語を検索すると、いくつもの投稿が見つかる。やや古い統計ではあるが、株式会社PR TIMESがTwitter、mixi、Facebook等のSNSを利用している20歳から39歳までの男女400名を対象に、「ソーシャルメディア炎上に関する意識調査」を実施したところ（調査期間：2011年10月７日～10月14日）、５％が匿名であれば「法律を破る自分の行為」を投稿できると回答したとのことである（http://prtimes.jp/main/html/rd/p/000000254.000000112.html）。

このような投稿の内容が事実であれば、投稿者は違法行為をしているということであり、刑事事件に発展する可能性がある。

また、第１章6⑵㈳で述べたとおり、近年、YouTubeで動画再生回数や収益を得るため迷惑行為を行う「迷惑系ユーチューバー」と称される者による迷惑行為が刑罰法規に抵触するとして逮捕、書類送検されるケースが相次いでいる。

違法行為や迷惑系ユーチューバーによる迷惑行為の実例として、以下のような実例が確認されている。

〔違法行為の実例〕

・43歳の女性が平成25年９月に衣料品チェーン店において、自身が購入したタオルケットに穴が開いていたとして、店までの交通費を支払うよう要求し、店員二人に土下座をさせ、女性の自宅に来て謝罪をするとの念書を書かせた。また、女性は店員が土下座する様子を携帯電話のカメラで撮影し、同日自身の Twitter に投稿した。その後女性は強要罪の疑いで逮捕され、名誉毀損罪で札幌簡裁に略式起訴され、罰金30万円の略式命令を受けた。

・平成29年５月に大阪府門真市内の通学路をクラクションを鳴らしながら車で猛スピードで走る様子などを撮影した動画が Twitter に投稿され、大阪府警は車を運転していた建設作業員の少年（19歳）と同乗者の会社員の男性（20歳）を殺人未遂の疑いで逮捕した。

・平成29年５月に神奈川県横浜市内で車のボンネットに人を乗せて走る様子などを撮影する動画が Twitter に投稿され、警察が道路交通法違反の疑いがあるとして捜査。18歳の少年と17歳の少年を書類送検した。

〔違法迷惑系ユーチューバーの迷惑行為の実例〕

・平成29年９月に、警察官の前で覚せい剤に見える白い粉の入った袋を落とした男女が偽計業務妨害の疑いで逮捕された。

・令和元年５月には、渋谷のスクランブル交差点にベッドを置く様子を撮影した男らが道路交通法（道路における禁止行為）違反の疑いで書類送検された。

・令和２年３月には、わざと落とした財布を通行人に拾わせて被害申告した男らが偽計業務妨害の疑いで逮捕された。

・同年７月には、会計前の魚の切り身を食べる動画を撮影した男が窃盗の疑いで逮捕された。

(ウ)　事例③（投稿自体が違法行為となるケース）

また、投稿内容によっては、投稿自体が違法行為となるケースもある。このケースも、投稿者は違法行為をしているということであり、刑事事件に発展する可能性がある。以下は近時の実例の一つであるが、インターネット上殺害予告の投稿がなされたとの報道はしばしば見受けられる。

〔実例〕

33歳の水道工事会社社員が平成25年7月にアイドルグループのメンバーのブログ上に「32害459（筆者注：殺害予告)、7日後に行きます」などと書き込み、その後も同会社員のブログ「第二の酒鬼薔薇－猟奇的拷問殺人鬼－」に「僕の可愛い人参さん、特注包丁でザクザク切り刻んであげるよ」「ボクにはある目的があるんだ……それは・・君を斬殺すること……こんな風に……」といった文章とともに、血まみれになった上記メンバーのコラージュ画像を複数投稿し、また、Twitterでも予告を繰り返したとして、平成26年2月に脅迫罪の疑いで逮捕された。

⑵　使用者に対する信用毀損

事例①（不適切な行為や意見の投稿)、事例②（違法行為を行った旨の投稿）および事例③（投稿自体が違法行為となるケース）のいずれも投稿内容が不適切といえる。

ただ、これらの投稿が匿名でなされた場合や、実名でなされたとしても投稿者と使用者が結び付けられない場合には、仮にその内容が不適切なものであっても、使用者の信用が傷つけられることはない。

もっとも、投稿自体やプロフィールから使用者名がわかる投稿がなされた場合や、他のSNSのプロフィール情報などと組み合わせて使用者名が特定される場合などには、不適切な投稿と使用者が結び付けられ、不適切な投稿をする従業員を雇用していることを理由に、使用者が社会的・道義的責任を問われ、ひいては使用者の信用が傷つけられる事態も予想される（前述の百貨店の実例等)。

⑶　投稿者の法的責任、使用者の法的リスク

㈠　投稿者の刑法上の責任

事例②（違法行為を行った旨の投稿）や事例③（投稿自体が違法行為となるケース）は、投稿者の行為が刑法上違法と判断され、刑事手続に発展するリスクがある。

まず、事例②では、店員に土下座をさせる行為については、「脅迫」によって「人に義務のないことを行わせ」たものとして、強要罪（刑法223条）が成立する可能性がある。事例②に類似する実際の事例でも、同罪の被害届が提出されている。

事例③では、「Ｄを殺害する」などと投稿する行為については、「生命、身体、自由、名誉又は財産に対し害を加える旨を告知して人を脅迫」したものとして、脅迫罪（同法222条）が成立する可能性がある。事例③に類似する実際の事例でも、同罪の被害届が提出されている。また、インターネット上で弁護士に対して殺害予告がなされた事例では、少なくとも４人が逮捕・書類送検されているとのことである[8]。

㈡　投稿者の民事法上の責任（被害者との関係）

事例②において店員に土下座をさせる行為や、事例③において殺害予告を行う行為は、土下座を強要された被害者や殺害予告の被害者との関係で違法行為であり、被害者から慰謝料等の損害賠償を請求されるおそれがある。

投稿が匿名でなされている場合など、投稿者（加害者）の住所・氏名等の特定が困難なケースはある。しかし、近時、「詐欺師」などと中傷された被害者が投稿者を割り出すために米ツイッター社に対して発信者情報（IP アドレス）の開示を求めて仮処分を申し立て、その結果同社から開示を受けた IP スタンプを検索して当該 IP アドレスを保有するのがソフトバンク BB 株式会社であることを把握し、同社に対して発信者情報開示を求める訴えを提起

8　平成27年４月６日日本経済新聞夕刊。

し、情報開示が認められたケースもあり（東京高判平成26年5月28日判例時報2233号113頁）、匿名でなされたSNS上の投稿であっても、投稿者が特定できる可能性はある。

(ウ)　民事法上の責任（使用者との関係）

(A)　損害賠償

投稿者が被害者に対して行った違法行為に基づいて、損害賠償を請求されるとしても、使用者とは無関係に行われた投稿であれば、通常被害者に対する関係で、使用者が法的責任（損害賠償責任）を負う可能性は低いと思われる。

また、仮に投稿によって使用者の信用が傷つけられることがあっても、使用者が投稿者に対して損害賠償を請求するためには、その損害を金銭的に評価する必要がある。

(B)　懲戒処分

私的な行為・意見表明等の掲載は、投稿者の表現の自由（憲法21条）の保障に属し、原則として投稿者の自由である。本書のテーマである労務管理との関係でみても、労働契約は企業がその事業活動を円滑に遂行するに必要なかぎりでの規律と秩序を根拠づけるにすぎず、従業員の私生活に対する使用者の一般的支配までを生ぜしめるものではないとされる[9]。そのため、投稿者を雇用する使用者の立場からすると、従業員の私的な行為・意見表明等の投稿は、原則的には私生活上の言動であり、使用者が直ちに処分等の対象としなければならないものではない。

ただし、従業員の私生活上の言動であっても、①企業秩序に直接関連を有するもの、および②使用者の社会的評価を毀損するおそれのあるものは使用者の秩序維持のための懲戒の対象となり得る（最判昭和49年2月28日〔国鉄中国支社事件〕労働判例196号24頁）とされている。後者の社会的な評価の毀損については、日本鋼管事件（最判昭和49年3月15日労働判例198号23頁）において、「具体的な業務阻害の結果や取引上の不利益の発生を必要とするもので

9　菅野・前掲〈注3〉712頁。

はないが、当該行為の性質、情状のほか、会社の事業の種類・態様・規模、会社の経済界に占める地位、経営方針及びその従業員の会社における地位・職種等諸般の事情から綜合的に判断して、右行為により会社の社会的評価に及ぼす影響が相当重大であると客観的に評価される場合でなければならない」と判示されている。ここで、懲戒処分を行うためには就業規則に懲戒の種別および事由を定め（前掲最判平成15年10月10日〔フジ興産事件〕）、その懲戒事由に該当する事実が存在することが必要である。また、懲戒処分が「客観的に合理的な理由を欠き、社会通念上相当であると認められない場合」には、懲戒処分が無効となる（労働契約法15条）。

事例①ないし③に類似する事例について懲戒処分の有効性を判断した裁判例は現時点では見当たらないが、このような事例では、直ちに使用者の信用などに対して大きな損害を与えるケースは考えにくく、解雇や停職などの重い処分を行うことは難しいと思われる。

6　SNSを利用したコミュニケーションによるトラブル

＜事例＞

①　A社男性従業員Yは、同僚の女性従業員Xに好意をもち、XのFacebookアカウントに友達申請をしたが、Xに承認を拒絶された。Yが承認を拒絶された理由を尋ねたところ、Xは「友達の範囲は、昔からの友人に限ることにしている」と説明した。しかし、Yは、その後もXに対し繰り返し「友達になってください」とメッセージを送信しており、Xから上司に対し、対応に困っているとの相談があった。

②　A社X部長は、部下と積極的にコミュニケーションをとりたいと考えており、部下に対しFacebookで友達申請を行い、すべての部下から承認された。その後、X部長は時々部下の投稿へのコメントを行

い、X部長の投稿にも部下からコメントや「いいね！」が寄せられている。ある時、部下の投稿へのX部長のコメントになかなか返信がなく、X部長は飲み会の席で同部下に、「無視しないでよ」と言った。

SNSの主要な機能の一つに、SNSの利用者同士で相互にメッセージを送信し、あるいは互いに「友達」になり、投稿にコメントをするなど、利用者間でコミュニケーションをとる機能がある。

従業員が私的にSNSを利用し、相互にコミュニケーションを図ることは、原則として会社に関係のないプライベート上の行為であるが、従業員間のトラブルが会社に持ち込まれ、あるいは、SNS上のコミュニケーションに業務上の上下関係が影響するような場合は、以下のように、会社がトラブルの結果について法的責任を問われるリスクがある。

(1)　事例①（執拗な友達申請）

事例①は、女性従業員Xに対し、同僚Yが好意を抱いてFacebookの友達申請を行ったところ、拒絶されたにもかかわらず繰り返し「友達になってください」とのメッセージの送信を行っている事案である。

Yの行為は、XYの関係の程度、友達申請の頻度等にもよるが、XがYの友達申請により受ける精神的苦痛が社会通念上認められる受忍限度を越えると判断された場合には、Yには不法行為（民法709条）が成立し、Xに対する損害賠償義務を負う可能性が否定できない。

また、ストーカー行為等の規制等に関する法律（ストーカー規制法）が定義する「つきまとい等」には、拒まれたにもかかわらず、連続して電子メールの送信等をすること（同法2条1項5号）が含まれているが、平成28年12月14日公布の同法改正により、同条の「電子メール等」には、SNSによるメッセージ等の送信や、ブログ、ホームページ等への書き込み、SNSのマイページへのコメントも含まれることになった（同条2項）。そのため、Yの行為態様によっては、犯罪にもなりかねない（なお、同法は令和3年5月18日に、

GPS 機器を用いた位置情報の取得等も規制対象とするなどの改正法が成立)。

もっとも、Yに上記のような法的責任が生じる可能性があるとしても、それはあくまでもＸＹ間の私的なトラブルであり、A社が責任を負うことはないようにも思える。しかし、A社は、従業員に対し雇用契約に基づく安全配慮義務（労働契約法 5 条）を負っており、当該安全配慮義務に基づき、他の従業員からもたらされる生命・身体等に対する危険についても、加害行為を防止するとともに、被害者の安全を確保して被害発生を防止し、職場における事故を防止すべき注意義務があると解される（横浜地裁川崎支判平成14年 6 月27日〔川崎市水道局（いじめ自殺）事件〕労働判例833号61頁)。

また、A社は、労働契約上の付随義務として信義則上職場環境配慮義務、すなわち従業員にとって働きやすい職場環境を保つように配慮すべき義務を負っているとも考えられている（津地判平成 9 年11月 5 日〔三重セクシュアル・ハラスメント（厚生農協連合会）事件〕労働判例729号54頁)。

したがって、XからYの友達申請行為について困っている旨の相談を受けたにもかかわらず、A社がYへの注意指導等の十分な対応をとらなかった場合、A社はXが受けた精神的被害について、安全配慮義務違反または職場環境配慮義務違反に基づく債務不履行責任を追及される可能性がある。

また、前述のとおり、Yの行為は不法行為に当たりうるところ、A社には、使用者責任（民法715条 1 項）が成立する可能性も考えられる。使用者責任は「事業の執行」に関する行為について成立するが、判例（最判昭和44年11月18日判例時報580号44頁）によれば、業務中の喧嘩についても、業務行為と喧嘩が密接に関連している場合には、喧嘩そのものも「事業の執行」に関する行為として使用者責任の成立が肯定されている。友達申請は、私的な行為として一見すると「事業の執行」に当たらないようにみえるが、ＸＹの同僚という立場や、Yが友達申請を行った経緯、その後のＸＹ間の行為態様によっては、Yの行為について業務と密接に関連していると判断され、A社に使用者責任が成立する可能性も否定できない。

以上のとおり、A社が適切な対応を取らず、Xが精神的苦痛を負うことになった場合、Ｙの行為がＸにもたらした精神的苦痛について、Ｙが不法行為に基づく損害賠償義務を負うだけでなく、Ａ社も、債務不履行（安全配慮義務違反・職場環境配慮義務違反）や使用者責任に基づき、Ｙと連帯して、同額の損害賠償義務を負担しなければならないリスクがある。万が一、Ｙのストーカー行為によってＸがうつ病等の精神疾患を発症し、自殺に至ったような場合には、Ａ社が、債務不履行（安全配慮義務違反・職場環境配慮義務違反）や使用者責任に基づき、多額の損害賠償義務を負う可能性も否定できない[10]。加えて、訴訟等の紛争になった場合、報道がなされ、Ａ社の評判に悪影響が生じるというレピュテーションリスクも考えられる。

⑵　事例②（ソーシャル・ハラスメント）

事例②では、Ｘ部長が部下に対し、友達申請を行い、その後、部下とSNS上で、相互に投稿へのコメントや「いいね！」等の一般的なやりとりを交わしており、一見したところでは、特に労務管理上の問題は生じていないようにみえる。

しかし、近時では、SNSの普及に伴い、ソーシャル・ハラスメント（ソーハラ）というハラスメント形態が新たに言及されるようになっている。ソーシャル・ハラスメントには、パワハラやセクハラと異なり、明確な定義はまだ存在しないが、SNSの利用者間において、SNSを通じて行われるいじめ行為や嫌がらせ行為全般を幅広く指すものと考えられており、典型的な事例として、上司からの部下に対する友達申請や、頻繁なコメント・「いいね！」等への対応に部下が苦慮していることが挙げられている[11]。平成25年３月に行われた意識調査[12]では、回答者の約２割が、Facebookなどで上司から「い

10　前掲横浜地裁川崎支判平成14年６月27日〔川崎市水道局（いじめ自殺）事件〕では、当時29歳（月額給与23万円）の男性職員が職場同僚のいじめにより心因反応を生じ、自殺した事案であり、本人の資質および心因的要因も加わって自殺したものとして、７割の過失相殺が認められているが、それでもなお男性職員の両親に対する各1172万9708円（計2345万9416円）の損害賠償が命じられている。

11　平成24年１月12日日本経済新聞朝刊等。

12　株式会社エルテス「WEBリスクに関する社会人の意識調査」。

いね！」や「コメント」を強要された経験があると答えている。

業務を離れた私的な場である SNS において、上司や部下が友達申請やコメント等を相互に行うことは、上記の事例①のような違法な態様でない限り、本来自由である。

しかし、上司としては軽い気持ちで友達申請やコメントをしているとしても、部下としては、上司の友達申請を拒否したり、あるいはコメントに返信しなかったり、友人に対するような言葉遣いで返信したりすることで、上司の機嫌を損ね、業務上も不利な取扱いを受けることを心配することもある。その結果、部下が、その意に反して友達申請を承認したり、上司の心情を害さないように気を遣ってコメントや「いいね！」を行い、その結果、精神的な負担を負ってしまうことは十分に考えられる。

もっとも、前述のとおり、私的な場である SNS において、上司が部下に対し、一私人として友達申請やコメント等を行うことも本来的には自由であるから、上司がこれらの行為を行うことが直ちに違法性を有するわけではなく、また、すべての部下が、上司とのやりとりによって精神的負担を負うこともないと考えられる。

しかし、部下の SNS 上の対応を不満として業務上不利益な取扱いをしたり、SNS 上で部下を誹謗中傷するなど、明確にパワハラに当たるような行為ではなく、一般の友人に対して行うのであれば違法とはいえないような行為であっても、上司と SNS 上でつながっていること自体が、部下にとって精神的負担になっていると判断される可能性があることを考慮すれば、上司による友達申請やコメント等のやりとりも違法なパワハラに当たる可能性がある。たとえば、事例②のように、飲み会の席でコメントへの返信がないことを不満に思うような発言をする行為は、一般の友人に対して行うのであれば、通常違法とはいえない行為であるが、上司と部下という立場を考えれば、部下に上司のコメントに返信するよう精神的圧迫を与えるような行為をしたものとして、パワハラと評価され、不法行為に基づく損害賠償義務を負う可能性も否定できない。また、SNS 上で部下の私生活に過度に干渉するようなコメントを行ったり、部下のあらゆる投稿にコメントを行い、部下を「返信をしなければならない」という心理状態におくような行為も、同様にパワハラに該当する可能性がありうるものである（厚生労働省「事業主が職場における優越的な関係を背景とした言動に起因する問題に関して雇用管理上講ずべき措置等についての指針」（令和2年厚生労働省告示第5号）でも、「個の侵害（私的なことに過度に立ち入ること）」は、パワハラの一つの類型として挙げられており、パワハラに該当すると考えられる例として、「労働者を職場外でも継続的に監視」することが挙げられている）。

万が一、上司の行為が不法行為に該当する違法なものと評価された場合、事例①と同様に、企業も使用者責任を負う可能性があり、あるいは、部下から相談があったにもかかわらず適切な対応をとらなければ、安全配慮義務や職場環境配慮義務違反（債務不履行）に基づき、会社も損害賠償義務を負うリスクがある。更には、部下がうつ病等を発症する事態になれば、損害賠償の額も多額になる可能性も否定できない。

7　業務でのSNSの利用に関するトラブル

<事例>

① A社では、新商品の宣伝のため、同商品のFacebookページを作成したが、「いいね！」数が伸び悩んでいる。そこで、A社は、「Facebookを利用している従業員は、当社の新商品のページに『いいね！』をするようにしてください」との社内通達を出した。

② A社では、新商品の宣伝のため、Instagramで多数のフォロワーを有しているインフルエンサーと提携し、広告料を支払う対価として、当該インフルエンサーに新商品について好意的な投稿を行ってもらうこととした。

③　A社では、従業員の意見交換等の場として、社内SNSを利用しており、従業員は、社外からでも社内SNSにアクセスすることが可能である。A社従業員Xが、翌日の朝礼の議事要旨を社内SNSにアップロードし、帰宅後、社内SNSを確認したところ、上司から不足点を指摘するコメントがなされていたため、自宅にて議事要旨を修正した。

SNSの広まりに伴い、企業や団体がSNS上に自らのアカウントを開設して広告宣伝を行い、あるいは、SNSを社内的な交流等の場としても利用することがよくみられるようになった。

しかし、多くのSNSは、もとから業務で用いるために形成されたものではない。たとえば、従業員にSNSを利用させるには、各従業員が個人的にアカウントを作成する必要があり、自社のみの社内SNSを作成するような場合を除いて、会社が代わりにアカウントを作成することはできないし、従業員は会社外からでもインターネットを介して24時間SNSを利用することが可能である。

そのため、SNSを業務に用いることには以下のように一定の制約があり、また、予想外の労務トラブルが生じるおそれがある。

⑴　事例①（個人アカウントによる「いいね！」の業務命令）

事例①では、A社はFacebookを利用している従業員に対し、A社新商品ページの「いいね！」を押すよう社内通達を発している。A社がこのような社内通達を単なる「いいね！」の推奨ではなく、業務命令として発しているのであれば、Facebookを利用していながら「いいね！」を押さなかった従業員は、業務命令違反を理由とする懲戒処分の対象になり、人事考課等においても、不利な要素として考慮されることになるだろう。

使用者は、労働者が労働契約において許諾した一定の範囲で、労働者に業務命令をする権限を有している（最判昭和61年３月13日〔電電公社帯広局事件〕

労働判例470号6頁)。しかし、業務命令は、その目的に照らし不合理なものであってはならず、また、実施にあたっても社員の人格権を不当に侵害するようなものであってはならないとされている(最判平成8年2月23日〔東日本旅客鉄道(本荘保線区)事件〕労働判例690号12頁)。

仮に、事例①における社内通達が業務命令であるとすれば、従業員にFacebookで「いいね!」をするよう命じることは、自社新製品の宣伝という業務との関連性が一応認められる行為とはいえる。しかし、従業員がFacebook上で、どの投稿に「いいね!」をするか否かは、本来、当該従業員自身の個人的な嗜好に委ねられている行為である。このような本来的に個人的自由に属する行為にまで、労働契約の範囲に含まれることには疑義があるし、当該従業員の意思に反して「いいね!」を強要することは、人格権の侵害と評価されるおそれがある。

そのため、事例①の社内通達を業務命令と取り扱い、この社内通達に違反したことを契機としてなされた懲戒処分等については、業務命令権の濫用として、無効と判断されるリスクが少なくないだろう。

また、事例①のように、従業員に「いいね!」を命じる目的は、当該Facebookページが賑わっているような外観をつくり出すことにあると考えられる。

しかし、従業員が当該命令に素直に応じ、「いいね!」を行ったとしても、事例①の社内通達が外部に漏れ、あるいは「いいね!」をしている者に多数の従業員や関係者が含まれていることが、従業員のプロフィール等から判明すれば、いわゆる「ステルス・マーケティング(ステマ)」として、かえって当該新商品の評価を落とし、あるいは炎上等に結び付くリスクがある。

(2)　事例②(インフルエンサーによるSNS上での宣伝)

事例②では、事例①と異なり、外部のインフルエンサーに依頼し、新商品について好意的な投稿をしてもらうことで、新商品の宣伝を行おうとしている。このような宣伝方法は一般的に行われているものであり、これ自体特に問題となるものではないが、インフルエンサーが誇大な表現を行い、商品の性能を実際より優良なものと誤認させた場合は、不当景品類及び不当表示防止法（景品表示法）上の優良誤認に該当し、同法に違反するリスクがある。また、たとえば、化粧品、健康食品、サプリメント等の製品については、広告の内容によっては医薬品、医療機器等の品質、有効性及び安全性の確保等に関する法律（医薬品医療機器等法）や健康増進法に違反することが考えられるなど、宣伝対象に関する個々の法律に違反するリスクもある。

インフルエンサーにとって、企業からの依頼は安定した収入を得るために重要であり、広告の成果を挙げて更なる依頼を得るべく、誇大な表現をしてしまうおそれがある。また、インフルエンサーには、必ずしも広告に関する法規制について詳しくない者も多いと考えられ、意図せず法違反を犯してしまうおそれもある。

(3)　事例③（残業代）

事例③では、従業員が社内 SNS にアップロードした議事要旨に対する上司のコメントを帰宅後確認し、修正作業を行っているが、この修正作業に要した時間について、労働時間となるかどうか問題となりうる。

労働基準法上の「労働時間」とは、「労働者が使用者の指揮命令下に置かれている時間」（最判平成12年３月９日〔三菱重工長崎造船所事件〕労働判例778号11頁）を指すものと考えられており、「使用者の指揮命令下に置かれている」か否かについては、労働者が当該時間において業務に従事していたといえるか、それらの業務従事が使用者の義務付けや指示によるのか、などを考察して、総合的に判断されている[13]。

事例③では、Xが行った作業は、朝礼の議事要旨の修正であり、この作業は、基本的に業務に関連するものと考えられる。そのため、上司のコメントが明示的に修正を指示するようなものである場合はもちろん、明示の指示が

13　菅野・前掲〈注３〉496頁。

なくとも、たとえばコメントの内容が重要なポイントに関する指摘であって客観的にも修正が必要と考えられる内容のものであり、翌日の朝礼が始業時刻直後に開始され、就業時間中に修正を行う余裕がないような場合は、黙示の指示があったとして、Xが修正作業に要した時間が労働時間と評価される可能性は否定できない。裁判例（東京地判平成11年７月13日〔リンガラマ・エグゼクティブ・ランゲージ・サービス事件〕労働判例700号120頁）においても、明示の指示がなくとも、業務内容からして所定勤務時間内には業務を完遂することはできず、当該業務の納期等に照らせば、所定勤務時間外の時間を利用して当該業務を完遂せざるを得ない場合は、黙示の指示があったものとして、労働時間に該当すると判示されている。

したがって、メールのような直接的な指示ではなく、SNS のコメントのような間接的な意見表明であっても、それに基づいて労働者が業務を行った場合、予想外の残業代リスクが生じかねない。

8　SNS の特性・脆弱性に基づくトラブル

<事例>

① A社では、営業社員は従業員個人の携帯電話を業務にも使用しており、取引先の電話番号等を電話帳登録したことにより、LINE 上でも取引先が「友達」として登録されていた。ところが、A社営業社員Xの LINE が乗っ取りの被害に遭い、取引先を含む LINE の友達に対し、無作為に WebMoney の購入を求めるメッセージが送信された。

② A社では、複数の協力企業を巻き込んだ新商品開発プロジェクトを立ち上げており、情報共有や進捗管理の便宜のため、協力企業の担当者と Facebook のグループ機能を利用してやりとりを行っていた。

(A) A社従業員Xは、新商品の企画書をプロジェクトの Facebook グループにアップロードしようとしたが、誤ってX個人のタイムラインに投稿してしまった。

(B)　あるとき、Facebookに国際的なハッカー集団による攻撃が行われ、一部のセキュリティが突破されて、A社のプロジェクトに関するやりとりがWeb上に流出した。

SNSは、インターネットを利用したサービスであり、そのため、原則としてSNS上の情報は全世界に公開されている。

もちろん、設定によりSNS上の情報の公開を一定範囲に限ることは可能であるが、従業員の設定のミスにより、本来公開しないはずの情報を公開してしまう、あるいは、従業員がミスを犯さなくても、インターネットを通じて行われるウィルスやハッキング等の攻撃により、意図せぬ情報漏えいが生じるおそれは否定できない。

そのような情報漏えいが生じた場合、以下のように「SNSを利用している」ということのみで法的なリスクが生じるおそれがある。

(1)　事例①（アカウントの乗っ取りによる迷惑行為）

事例①では従業員の携帯電話のLINEが乗っ取りの被害に遭い、取引先に対し無作為なスパムメッセージを送信されるという迷惑行為が発生している。

事例①に類似したLINEの乗っ取り事案は、平成26年５月頃より大規模に発生し、同年10月末の時点で、被害件数は全国で少なくとも3718件に上り、被害総額は１億円を超えると推計されている[14]。

報道された事例では、上記乗っ取り事案における手口は、「コンビニに行ってiTunesカード等のプリペイドカードを購入し、裏面のコードを撮影して送ってほしい」[15]旨をメッセージで送信するという一見して不自然なもので

14　平成26年10月29日朝日新聞デジタル。

15　プリペイドカードは、コード番号がわかればカードそのものがなくとも利用が可能である。

あり、個人的な友人ではない取引先が被害に遭う可能性は高くないようにも思える。しかし、LINEが乗っ取られた時点で、取引先の氏名等の個人情報が流出している可能性が高いと考えられるし、今後、より巧妙な手口の詐欺行為が実施されれば、取引先等に金銭的被害が生じる可能性も十分に考えられる。

ただし、上記のように乗っ取りによる被害が生じたとしても、乗っ取りの原因が、Xの故意や過失（たとえば、不適切なパスワード管理や、あるいは取引先からLINEの友達を削除するよう求められていたにもかかわらず、漫然と放置していた）によるものではなく、SNS自体の知られていない脆弱性に基づくものであれば、仮に取引先等に損害が生じたとしても、A社やXが法的な責任を負うことは原則として考えがたい。もっとも、時代に応じて企業に通常求められるリスク管理の程度は変わりうるものであり[16]、将来的には、従業員個人の携帯電話に取引先の電話番号等の個人情報を保存させていたこと自体が過失と評価されるような可能性も否定できない。東京地判平成21年10月22日判例時報2064号139頁は、「株式会社の取締役は、会社の事業の規模や特性に応じて、従業員による不正行為などを含めて、リスクの状況を正確に把握し、適切にリスクを管理する体制を構築し、また、その職責や必要の限度において、個別リスクの発生を防止するために指導監督すべき善管注意義務を負う」と判示しており、適切なリスク管理体制の構築を行わなければ、役員の任務懈怠責任の問題ともなりかねない。

しかし、取引先の個人情報の流出や、取引先へのスパムメッセージの送信という事態が生じれば、取引先に迷惑をかけることは明らかであり、取引先のA社に対する信用に悪影響を及ぼすことは十分に考えられることである。さらに、情報管理に厳格な取引先であれば、ウィルス等が侵入しやすく、か

16　たとえば、経済産業省「リスク新時代の内部統制―リスクマネジメントと一体となって機能する内部統制の指針」20頁は、「経営者及び管理者は（中略）定期的もしくはリスクが顕在化し重大な損失が発生したときには、全社的又は担当部門毎にリスクへの対応を見直すことが必要である」と、リスク管理について定期的なモニタリングや見直しが必要であることを述べている。

つ従業員が退職してしまったような場合に、そのまま情報が持ち出されやすい従業員の個人の携帯電話を特段の対策をとらずに業務で用いていたことに不信感を覚え、A社の情報管理体制そのものに疑念を抱いて、今後の取引等を再考するような可能性も否定できない。

したがって、事例①では、従業員が私用で自由に利用できる携帯電話を業務に使用させていたこと自体が、情報漏えいを招き、A社の信用を傷つけかねないリスクであったといえる。近時は、従業員の私物の電子機器を業務に用いること（Bring Your Own Device − BYOD）が増加しているが、その場合は、専用のアプリケーションを導入して紛失時などに簡単にデータが漏えいしないようにする、一定のセキュリティ要件を満たす機器に限り認めるなどの対策をとることが必要だろう。

⑵　事例②（SNS 上の機密情報の漏えい）

事例②では、複数社が関与したプロジェクトの情報共有等のために、Facebook のグループ機能を利用してやりとりを行っていたところ、⒜では操作ミスにより、⒝ではハッキングにより、本来プロジェクト参加者以外に知られるべきではない企業秘密がインターネット上に流出している。

SNS のグループ機能は、通常、スケジュール管理、ファイルのアップロード、掲示板、チャット等、イベントやプロジェクトの管理に役立つ各種機能を備えている。そのため、複数社が関与しており社内 SNS 等のクローズドな媒体を利用しがたいプロジェクトにおいて、Facebook 等のオープンな媒体を利用することは、簡便であり、かつコストも抑えられるため、メリットのある選択肢ではある（たとえば Facebook では、「プライベート」という、グループのメンバーのみが、メンバーの構成や投稿内容を閲覧できる設定が可能であり、かつ、グループを検索により発見することの可否も個別に設定できる。この機能を用いれば、非公開で Facebook のグループ機能を利用することが可能である）。

しかし、SNS は、設定によっては誰でも閲覧できる状態にあるものであり、私的なアカウントを使用している場合[17]には、一つのアカウントで非公開の業務用グループと、公開されている私的なタイムライン等をともに利用していることになる。

このように二つの機能を併存して利用している場合、どのように注意していたとしても、人為的なミスは避けがたいものである以上、事例②(A)のような誤操作によるミスの可能性を完全に排除することは困難である。

そして、メールの誤送信のような情報漏えいの範囲が一定に限られる場合と異なり、下記実例のように、SNSの操作ミスや設定ミスでは、場合によっては情報が全世界に拡散してしまう。いったん流出した情報をインターネット上から完全に消去することは実質的に不可能であるから、流出する情報の内容によっては、その影響は計り知れない。

〔実例〕 Twitter幹部の誤ツイート事件

平成26年11月24日、米Twitter社の最高財務責任者が、自身のTwitterで「私はそれでも彼らを買収すべきだと思う。スケジュールは12月15日か16日だ。説得せねばならないが、私には考えがある」と誤ってツイートしてしまった。同責任者は、直ちにツイートを削除したが、約9300人のフォロアーの多くが同ツイートを保存し、新聞報道等もされる事態になった。

〔実例〕 複数の刑事事件に関し、同事件の弁護団所属の弁護士らがメーリングリスト（Yahoo!グループ）を使用して情報交換を行っていたが、メーリングリストが誰でも参加できる設定のままになっていた。そのため、第三者が同メーリングリストに加入し、メーリングリスト内の秘密情報（判決文、裁判員候補者や性犯罪被害者の個人情報）を閲覧することが可能な状態になっていたことが、平成23年12月、報道機関の取材により判明し、新聞・TV報道がなされて、弁護士らが関係者に

17　SNSによっては、一人で複数のアカウントを所持することを認めていないこともあり、このようなSNSを業務に利用する場合は、従業員個人が私的に使用しているアカウントを用いざるを得ない。

謝罪する事態になった。

事例②(A)のように、A社の従業員のミスにより、プロジェクト参加者以外に知られるべきでない情報が流出した場合は、A社は他のプロジェクト参加者に対する債務不履行（守秘義務違反）を行ったものと評価される可能性が高い。その場合、A社は債務不履行責任に基づく損害賠償責任や違約金の支払義務を負う可能性があるし、債務不履行は契約の解除事由となる可能性も高い（裁判例[18]でも、下請会社が元請会社から預かっていた顧客データが、印刷を請け負っていた孫請会社の不注意により無断複写されたことについて、孫請会社の債務不履行責任が認められた事案がある）。

更には、上記のような契約上の責任のみならず、ノウハウやアイデアといった企業秘密の流出そのものに伴う損失や、情報漏えいを生じさせたこと、および、情報漏えいが生じやすいオープンなSNS上で企業秘密にかかわるやりとりを行っていたことが広く世間に知られることになれば、A社および協力企業の信用に関する悪影響が生じるおそれもある。

また、(A)とは異なり、(B)の事例では、Facebookへのハッキングにより、情報漏えいの事態が生じている。ハッキングは、A社と関係がない不可抗力と考えられ、また、Facebookのグループでやりとりを行うことは、A社を含む各協力企業がそれぞれ合意していた事項と思われるので、この場合には、A社が契約上の責任を負うことは考えがたいが、上記のような企業秘密の流出そのものに伴う損失や、秘密情報をFacebook上でやりとりしていたことによりA社や協力企業の情報管理体制に関する信用に悪影響が生じうることは、上記(A)の場合と同様である。

したがって、インターネットに接続され、いったん情報漏えいがあれば全世界に公開されうるSNS上で企業秘密のやりとりを行うこと自体が、大きなリスクであるといえる。

18　東京地判昭和48年２月19日判例タイムズ289号155頁。

II 公式アカウントにおけるトラブル

1 事 例

<事例>

① A社では、公式Twitterアカウントを開設したが、同アカウントにおいて、A社の宣伝のみならず、日常的なニュースに関するツイートを行い、独特な切り口もあって、人気を博していた。

ある時、A社アカウントが、「日本で無期懲役とは事実上の無罪放免」、「死刑は世界に誇れる極刑」などとのツイートをしたところ、A社を批判するリプライやリツイート等が殺到し、炎上状態となったため、A社はTwitterのアカウントの閉鎖を余儀なくされた。

② A社では、公式Facebookページで自社商品を紹介するに際し、自社商品が掲載された雑誌の誌面をスキャンして、Facebookにそのまま掲載したところ、当該雑誌の出版社から、著作権侵害であるとのクレームを受けた。

③ A社では、公式Twitterアカウントを開設したが、その投稿等の作業は、従業員Xが一人で担当していた。Xは、就業時間中のみならず、帰宅後もツイートやリプライへの返答を行っており、A社もそれを認識していたが、特にXに注意をするようなことはなかった。

退職後、Xは、帰宅後もTwitterの更新業務に従事していたとして、当該時間に係る残業代を請求してきた。

企業がSNSを活用するに際し、公式アカウントを開設し、情報発信を行うことは、すでに一般的になっている。しかし、これまでに述べてきた従業員の私的なアカウントにおけるトラブルと異なり、企業の公式アカウントにおける行為は、すべて企業そのものの行為であるとみなされ、直接企業の責任を問われるリスクが大きい。

また、SNS を利用している以上、インターネットを介して社外からでも24時間アクセスできることは、公式アカウントについても変わりはなく、この点も、放置しておくことは労務管理上の問題を生ずるおそれがある。

2　トラブルから生じうるリスク

⑴　事例①（炎上リスク）

事例①では、公式アカウントが死刑の是非という政治的かつ賛否が分かれるテーマに関する投稿をしたことにより、いわゆる炎上を招いている。

企業が、SNS 上で公的なアカウントを取得し、企業の名前で新商品や新サービスの宣伝、リクルーティング等に関する情報発信を行うことは、最近では当たり前の光景である。

しかし、SNS 上で有効な情報発信を行うためには、迅速な投稿や返信が求められることが少なくなく、このような投稿や返信について、事前に十分なチェックを行うことが困難な場合もある。特に、企業規模が小さく、IT 担当者が限られているような企業では、担当者限りの判断で、企業名義での投稿がなされている場合も少なくないだろう。

また、業務と直接関係がない、担当者の個人的な趣味や日常的な出来事についての投稿が、SNS の人気を集め、本来の宣伝等の目的にも有用に働くこともあるが、特にこのような業務と直接関係がない内容の投稿については、発信担当者の主観的な意見や倫理観に基づく投稿がなされる可能性がある。

その結果、わいせつな投稿や、名誉毀損に該当するような投稿など、明らかに問題があると思われる内容の投稿や、上記事例①のように、「死刑の是非」などといった意見が激しく対立するような話題に関する投稿が行われ、意図せず投稿内容が拡散して、炎上の事態が生じるリスクは否定できない。

さらには、SNSでの情報発信が一般化し、多数の競合者との間で自らを差別化する必要がある担当者が、いわゆる「炎上マーケティング」（意図的に炎上を呼び起こすような過激な発言を行い、企業や商品に関する知名度を高めることを目的とした広告宣伝手法）のような手法に走ることも考えられる。このような手法を用いた場合、当初の予定と異なり、企業に対してマイナスの印象を与える炎上を引き起こしたり、あるいは、当初から炎上マーケティングを意図していると見抜かれ、不適切な広告宣伝を行っているものとして、やはり企業の印象を低下させたりすることにもなりかねない。

本章Ｉ５で述べたように、従業員の個人アカウントによる私的な投稿でさえも、企業そのものの意見と同視されるおそれがあり、企業の公式アカウントでなされた投稿については、企業の公式な見解と受け取られる可能性が極めて高い。そのため、公式アカウントで不用意・不適切な内容の投稿がなされた場合は、企業イメージを大きく損なうことになる。さらには、事実を挙げて特定の人物や企業を非難するような投稿をした場合は、たとえ投稿内容が真実であったとしても、刑法230条１項の名誉毀損罪に該当し、民事上・刑事上の責任を追及されることにもなりかねない（違法とならないためには、投稿内容が公共の利害に関するもので、かつもっぱら公益を目的とするものであり、さらには、投稿内容が真実であることを証明するという、厳しい要件を満たすことが必要になる（同法230条の２））。さらにいえば、第１章6(2)で述べたとおり、元の投稿が名誉毀損等に該当する場合、それを単に共有するような投稿であっても、同様に名誉毀損にあたるおそれがあり、名誉毀損のリスクは近時より大きくなっている。

また、投稿内容が虚偽であれば、「虚偽の風説を流布」したものとして、刑法233条の信用毀損罪や偽計業務妨害罪等が成立することもあり得る。

そして、下記実例のように、「ゆるキャラ」のようなイメージが重視される名義での情報発信を行っていた場合は、当該アカウントの閉鎖にとどまらず、当該キャラクター自体が使用中止に追い込まれるなど、更なる損害が生じる可能性も否定できない。

〔実例〕　まんべくん事件

北海道長万部町のゆるキャラであった「まんべくん」がTwitterの公式アカウントで、平成23年８月14日に「明日は終戦記念日だからまんべくん戦争の勉強するねッ！」、「日本の犠牲者三百十万人。日本がアジア諸国民に与えた被害者数二千万人」、「どう見ても日本の侵略戦争が全てのはじまりです。ありがとうございました」などと書き込んだことに対する抗議が殺到し、同月16日にTwitterのアカウントの閉鎖および活動中止を発表した。

なお、長万部町は、外部業者に「まんべくん」のTwitterの運営を委託していたところ、「まんべくん」は声優の実名を挙げて「ストーカーするか」とツイートしたり、特定の芸能人について「どう思ってる」とツイートで質問されたところ「時たまイラっとする」と返信するなど、過激な発言で注目を集めていた。「まんべくん」は最盛期には９万人を超えるフォロワーを獲得しており、いわゆる上記「炎上マーケティング」を行っていたともいわれている。

⑵　事例②（権利侵害リスク）

事例②では、商品紹介のために雑誌の誌面をスキャンしてそのままアップロードしたことが、著作権者である出版社から権利侵害とのクレームを受けている。

SNSに投稿を行う際に、第三者が撮影した写真や動画を埋め込んでアップロードしたり、第三者が執筆した記事等を引用したりすることは、よく見られることである。これらのような第三者の著作物を引用するには、著作権法32条１項に基づき、「公正な慣行に合致」し、「報道、批評、研究その他の引用の目的上正当な範囲内で行」う必要があり、この要件を満たさない引用は、著作権侵害となる可能性が高い。しかし、SNSの担当者は、必ずしも著作権法等の法令に通じているとは限らないため、よりよい情報発信を行おうとして、意図せず法令違反を行ってしまうことも考えられる。

SNS上の投稿や返信が第三者の著作権等の権利を侵害した場合、原則としてその権利侵害は不法行為（民法709条）に該当し、当該投稿の削除義務（著作権法112条１項）や、損害賠償等の法的責任を負うことになる。そして、公式アカウント上の行為については、企業が直接不法行為を行っているものとみなされるか、そのようにみなされないとしても、「事業の執行について」行われたものとして、使用者責任を負うと考えられ、その結果、企業が上記の損害賠償等の責任を負うことになる。裁判例（東京高判平成19年８月28日判例タイムズ1264号299頁）は、会社ウェブサイト上の個人情報が、管理を委託していた専門業者のミスにより漏えいしたことについて、会社がウェブサイトのコンテンツの具体的内容を決定していたこと、専門業者が行った更新や修正の内容を確認していたこと、随時専門業者から運用に関する報告を受けていたこと、障害や不具合が発生したときは随時専門業者と協議していたことをもって、「実質的に指揮、監督していた」と認定し、会社の責任を認めている。従業員の行為について使用者責任が認められることは当然であるが、外部業者に委託する場合でも、外部業者を実質的に指揮監督していたような場合は、委託者に使用者責任が肯定されると考えられる。

さらに、各SNSの運営企業は、著作権侵害等の違法行為を行った記事やアカウントについて、削除や利用停止等の措置を執ることができることを利用規約[19]で定めていることがある。そのため、権利者が発信主体たる企業（事

19　たとえば、本書脱稿時のFacebookの利用規約には、
「以下の行為、または以下のコンテンツの共有を目的として弊社製品を利用することを禁止します。

例②のA社）ではなく、SNS の運営企業（事例②の Facebook）に直接権利侵害の通報を行った場合、何らの予告なくコンテンツの削除やアカウントの利用停止等の措置を受けるリスク、さらには、削除等がなされたコンテンツについて「著作権侵害のため削除した」などと記載されて、権利侵害を行ったことが外部に明らかになり、企業の信用を害するリスクも否定できない。

〔実例〕 Lady GaGa の YouTube アカウント停止

米国の著名なアーティストである Lady GaGa が日本のテレビ番組に出演した際の動画を、自身の YouTube の公式アカウントに投稿したところ、第三者から権利侵害の申立てを受けた。同申立てにより、当該動画が削除され、「この動画は……著作権侵害の申し立てにより削除されました」と記載されたうえに、公式アカウントについても一時停止された。

(3) 事例③（残業代リスク）

事例③では、就業時間外に Twitter の更新作業を行った時間について、従業員から残業代の支払いを請求されている。

(1)で上述したように、SNS で有効な情報発信を行うためには、迅速な対応が求められることが少なくない。そのため、SNS 担当者が、就業時間外であっても、新しいニュースに対する投稿や、投稿に寄せられたコメントへの返答を行わざるを得なくなることは十分に考えられる。かつ、職場ではなく自宅や外出先にいるような場合でも、インターネットに接続して企業の公式アカウントにログインし、投稿や返信等の更新作業を行うことは極めて容

・違法行為、誤解を招く行為、差別的行為、または不法行為
・知的財産権などの他者の権利を侵害する行為」
「弊社は本規定に違反するコンテンツを削除し、そのコンテンツへのアクセスを制限することができます」
との規定が存する。

易である。

本章Ⅰ 7(2)でも述べたとおり、労働基準法上の「労働時間」とは、「労働者が使用者の指揮命令下に置かれている時間」（前掲最判平成12年3月9日〔三菱重工長崎造船所事件〕）を指すものと考えられており、「使用者の指揮命令下に置かれている」か否かについては、「労働者が当該時間において業務に従事しているといえるか」、「それらの業務従事が使用者の義務付けや指示によるのか」、などを考察して判断されている。そして、事例③のように、SNS公式アカウントの更新作業を業務として行っている労働者が、これらの作業を行うことは、「使用者の指揮命令下に置かれてい」たと評価される可能性が高い。

もっとも、A社としては、Xに対し、投稿や返信を就業時間外に行うように、との指示は行っておらず、Xのこれらの作業が使用者の指揮監督の及ばない職場外で勝手に行われたものであるとして、「労働時間」に当たらないとの反論をすることは考えられる。

しかし、裁判例には、自宅で行われた技術士試験の受験勉強時間につき、受験勉強に関する明示の指示はなかったにもかかわらず、当該受験は、支店長の指名に基づくもので、業務時間中に模擬試験や模擬面接が行われ、模擬試験を業務上の理由で受験できない場合は支店長の許可を要するとされているなどの理由から、業務命令によるものであると認定し、受験の準備として受験勉強をしなければならなかったことは会社において当然予想できたものとして、労働時間性を肯定した事例（大阪地判平成21年4月20日〔国・さいたま労基署長（鉄建建設）事件〕労働判例984号35頁）や、従業員が上司に時間外労働をしたことを記載した整理簿を提出し、上司がその記載内容を確認しながら、従業員が時間外労働をすることを止めなかったことをもって、黙示の時間外勤務命令はあったものと認定した事例（大阪地判平成17年10月6日〔ピーエムコンサルタント（契約社員年俸制）事件〕労働判例907号5頁）がある。

事例③について、これらの裁判例に照らせば、投稿や返信を就業時間外に行うことに関する明示の指示がなく、かつこれらの作業が職場外で行われたものだとしても、SNSの性質上、所定労働時間外かつ職場外であっても投稿や返信をする必要性があるものと判断され、A社はXがそれらの行為を行っていることを黙認していたと認定されれば、少なくとも黙示の時間外勤務命令はあったものとして、これらの作業に要した時間について労働時間と評価される可能性は十分に考えられる。

さらにいえば、SNSへの投稿時間は通常SNS上に表示されるため、Xが労働時間を特定し、証拠を入手することはある程度可能である（たとえば、午後8時から午後8時30分にかけて、A社の公式アカウントに10数回の投稿や返信がなされているとすれば、その画面を印刷すれば、同時間帯にかけてXが更新作業を行っていたものと認定される可能性は高いと考えられる）。また、A社の公式アカウントが更新されていることをA社が知らなかったと主張するのは困難と考えられ、このような主張立証の難易という面からも、事例③においてA社が残業代の支払いを命じられるリスクは低くない。

Ⅲ　SNS と副業

<事例>

① 従業員Aは、YouTube に、ビジネス本を紹介する動画を定期的にアップしており、人気を博している。動画に企業広告がつくようになり、その広告収入を得ている。

② 従業員BのInstagram には多数のフォロワーがついており、従業員Bは、企業から依頼を受けて自分の Instagram で当該企業の商品を紹介し、当該企業から報酬を受け取っている。

③ 従業員Cは、Twitter のフォロワーを自分のブログに誘導し、ブログのアドセンス広告をクリックしてもらうことで、アフィリエイト報酬を得ている。

④ 従業員Dは、アマチュア歌手として活動しており、SHOWROOM でライブ配信をして、視聴者からのコメント投稿やギフトにより報酬を得ている。

1　SNS による副業の事例とその特徴

SNS を利用して副業収入を得ている従業員が増えている。SNS を利用して副業するメリットとしては、①趣味を活かせる、②スマートフォンやパソコンがあれば、場所を選ばず、隙間時間を活用して作業できる、③フォロワー数が増えれば高収入も期待できることなどが挙げられる。

SNS による副業について考えるにあたり、そもそも SNS を利用してなぜ報酬が得られるのか、どのようにして報酬を得られるのかについて、上記事例に沿って以下概観する。

事例①：YouTube を利用した副業

まずアドセンス収益という方法がある。これは、YouTube 動画に広告を入れることで、その広告料を得る仕組みである。多くの YouTuber は、このアドセンス収益で報酬を得ている。動画に広告を入れられるようになるためには、いくつか条件があり、主な条件としては、①有効な公開動画の総再生時間が直近の12か月間で4000時間以上であること、②チャンネル登録者数が1000人以上であることが必要である。報酬は再生回数に依存しており、単価は、一般的には 1 再生あたり約0.1円程度とされている。

また、企業案件により収益を得る方法もある。これは、企業の商品やサービスの紹介を動画内で行うことによって、当該企業から報酬を得るというものである。

他にも、生配信のチャット欄から投げ銭（視聴者から配信者にお金を送るシステム）をしてもらったり、月額制の特別コンテンツを発信する方法もある。

事例②：Instagram を利用した副業

企業と提携して Instagram で商品を紹介することで、その対価として収益を得ることができる。多数のフォロワーを抱えているほど、影響力が大きく宣伝効果も高くなるので、報酬も多くなる。報酬の額については、一般的にはフォロワー数×約 3 ～ 5 円といわれている。

事例③：Twitter を利用した副業

Twitter 上、もしくは Twitter からブログなどに誘導してアフィリエイトにより報酬を得る方法である。アフィリエイトとは、ユーザーが広告をクリックし、広告主のサイトで商品購入などの成果が発生した場合、その成果に対して報酬が支払われる成果報酬型広告のことをいう。

事例④：SHOWROOM を利用した副業

SHOWROOM とは、仮想ライブ空間で生配信を視聴することができるサービスである。視聴者は、配信者に対し、コメント投稿したり、ギフト（バーチャルアイテム）を送ることができ、コメント投稿やギフトはポイントになり、1ポイント1円として換算され、配信者の報酬になる。

2　従業員のSNSによる副業のリスク

(1)　本業の労務提供に支障が生じるおそれ

従業員が副業に時間を費やして、十分な休憩をとることができず、本業の労務提供に支障が生じるおそれがある。特に、SNSによる副業の場合、始業と終業がないため、時間を気にせず夜遅くまで作業するおそれがある。

なお、SNSによる副業の場合、その就業時間は労働基準法上の労働時間には通算されないが、過労等で業務に支障を来さないようにするため、本人からの申告等により就業時間を把握し、長時間にわたらないように配慮することが望ましい[20]。

(2)　投稿内容等が会社の名誉・信用を毀損したり、企業秘密漏えいになるおそれ

たとえば、YouTubeで副業する場合、動画の再生回数が収入に直結するため、動画の再生回数を稼ぐために、内容が過激になり、炎上する可能性も否定できない。また、ステルスマーケティング（企業から金銭を受け取っているにもかかわらず、中立的な立場を装って、良い口コミや良い評価を行う行為）に協力したことで、依頼した企業のみならず投稿者自身も炎上してしまう可能性がある。そして、当該投稿者が勤務している会社が特定された場合に、

20　厚生労働省「副業・兼業の促進に関するガイドライン」（平成30年1月、令和2年9月改定）9頁参照。

会社の名誉・信用が毀損されるおそれがある。会社にクレームが相次げば、会社の業務に支障が生じる可能性もある。

また、動画の再生回数を稼いだり、フォロワーを獲得するため、企業秘密（たとえば、発表前の新製品に関する情報等）を漏洩する可能性もあり、その場合、会社に有形無形の損害（取引先からのクレーム等）が生じるおそれがある。

⑶　従業員自身が詐欺に遭うおそれ

Instagram などでは、簡単に稼げる旨うたう副業詐欺（EC サイト作成の勧誘、投資の勧誘等）が横行しており、従業員自身がそのような詐欺に引っかかり被害を被るおそれがある。

3　従業員のSNSによる副業への対応の注意点

⑴　SNS による副業を禁止・制限できるか

㈠　副業に当たるか

平成29年（2017年）3月に政府が公表した「働き方改革実行計画」で、副業を促進する方向性が示され、それを受けて、厚生労働省は、平成30年（2018年）1月、「副業・兼業の促進に関するガイドライン」を策定するとともに（令和2年9月にルール明確化のための改定がなされている）、モデル就業規則を改定し、副業の規定を許可制から原則自由の届出制に変更している。このような動きを受けて、副業を原則自由とする会社も増えてきているが、依然として許可制にしている会社も少なくない。また、原則自由としている会社も、届出は求める場合が多いと思われる。そのため、会社の許可が必要か、もしくは会社に届出する必要があるかということとの関係で、SNS による副業が、就業規則等で規定されているところの「副業」に当たるかどうかが問題になる。

副業について規定した法律はなく、一般的には、副業とは、本業以外で収入を得るために行う仕事のことを指す。これまで副業といえば、他の会社でアルバイトをしたり、自分で会社を設立して起業することが主に想定されていたので、SNSを利用して収入を得るケースが副業に当たるかどうかが議論になっているが、上記副業の定義からすれば、事例①～④についても、収入を得る目的で継続的に行っている場合は、副業に当たると解せられる。もっとも、無許可・無届出でSNSを利用して副業をしていたからといって、直ちに禁止・制限できるか、懲戒処分できるかというと、それは次項以下のとおり一定の場合に制限される。

⑷　禁止・制限できるか

従業員が就業時間以外の時間をどのように利用するかは、基本的には従業員の自由であるため、従業員の就業時間外のSNSの利用について禁止・制限できないのが原則である。

ただし、裁判例に照らすと、例外的に、

①　労務提供上の支障がある場合

②　業務上の秘密が漏えいする場合

③　競業により自社の利益が害される場合

④　自社の名誉や信用を損なう行為や信頼関係を破壊する行為がある場合

に該当するときは、従業員の副業を禁止・制限することができる（東京地判昭和57年11月19日〔小川建設事件〕労働判例397号30頁等)。

したがって、従業員がSNSによる副業を行っている場合、まずはどのような内容の投稿を行っているのか、当該投稿が上記①～④のいずれかに該当しうるのか等、慎重に確認する必要がある[21]。

SNSによる副業を禁止・制限できるのは、たとえば、ⓐ YouTubeの動画

21　従業員からのアルバイト許可申請を上記①～③を理由に4回にわたって不許可にしたことに対して、3・4回目の不許可については合理性がなく、従業員の副業を不当かつ執拗に妨げたとして、30万円の慰謝料が認められた事例（京都地判平成24年7月13日〔マンナ運輸事件〕労働判例1058号21頁）もあるので、注意を要する。

作成に時間を費やしすぎて、本業の労務提供に支障が生じている場合（遅刻が多い、就業時間中の居眠りが多い等）、ⓑ SNS で紹介している商品が競合他社の商品である場合、ⓒ動画のコンテンツが企業秘密を漏えいするような内容である場合、ⓓ動画の内容や当該企業と提携することが、会社の名誉や信用を損なうような場合である。

なお、以上は就業時間外での SNS の利用を想定しており、就業時間中に SNS を利用していた場合は、職務専念義務違反として懲戒の対象となり得る。

(2) 懲戒処分できるか

従業員が副業を行う際に事前許可制等に違反して懲戒事由に該当する場合、裁判例では、形式的には懲戒事由に該当しても、職場秩序に影響せず、労務提供に支障を生ぜしめない程度・態様のものは、懲戒処分を認めていない（東京地判平成20年12月 5 日〔上智学院（懲戒解雇）事件〕労働判例981号179頁）。

そのため、従業員の SNS での副業が形式的には就業規則の規定に抵触する場合であっても、懲戒処分を行うか否か、行う場合にどの程度の処分にするかについては、職場秩序に影響が及んだか否か等の実質的な要素を考慮したうえで、慎重に判断する必要がある。

なお、報道によれば、公務員のケースであるが、令和 2 年（2020年）6 月、Twitter を利用して恋愛コラムを投稿するなどして約160万円の収入を得ていた公立小学校の教諭が減給 4 か月（10分の 1 ）の処分を受けた、という事例がある[22・23]。

22　朝日新聞 DIGITAL「SNS で恋愛相談、160万円稼ぐ　小学教諭を減給処分」令和 2 年 6 月12日。

23　公務員の場合は労働基準法が適用されないので、同法91条の減給制裁の上限規定には服さず、国家公務員の場合は、人事員規則で、「減給は、 1 年以下の期間、俸給の月額の 5 分の 1 以下に相当する額を、給与から減ずるものとする」とされており、地方公務員の場合は、条例の定めによる（地方公務員法29条 4 項）が、一般には、一日以上 6 か月以下の期間、給料およびこれに対する地域手当の合計額の10分の 1 以下を減ずるものとしている。

(3) 投稿を削除できるか

上記②〜④に当たる場合は、本人に動画・書き込み等の削除を求めることは問題ないと考えるが、本人が任意に応じなければ、会社が直接本人に強制させることは困難である。

その場合、当該投稿がSNSのガイドラインに反していれば、SNSプラットフォーマーに対して、違反報告フォームなどを通じて削除依頼することが考えられる。その方法では削除が難しい場合は、裁判上の手続により、秘密保持義務違反（上記②の場合）、競業避止義務違反（上記③の場合）、名誉毀損（上記④の場合）に基づく差止め・削除請求をすることが考られる。また、漏えいされた秘密が不正競争防止法上の営業秘密（同法2条6項）[24]に当たれば、不正競争防止法上の差止請求（同法3条）をすることができる。

24　不正競争防止法上の営業秘密といえるには、①秘密管理性（秘密として管理されている）、②有用性（生産方法、販売方法その他の事業活動に有用な技術または営業上の情報）、③非公知性（公然と知られていないもの）の3つの要件を充たす必要がある。

第3章

SNSをめぐるトラブルの予防策

1　規程類の整備

(1)　就業規則

(ア)　総　論

就業規則は、使用者と労働者との雇用契約の内容である労働条件を定める文書であり、就業規則に定められた内容は、個別の労働契約で就業規則を上回る労働条件を定めた場合や、労働協約で就業規則と異なる労働条件を定めた場合を除き、就業規則が適用されるすべての労働者の労働条件となる。

労働者が SNS 上で問題行動を行った場合、企業としては、当該労働者に対するさまざまな人事措置を検討することになる。軽い問題行為であれば、人事評価等においてマイナスに考課するなどの軽い措置にとどめることも考えられるが、重大な問題行為であれば、社内規律を維持するため、当該問題行為に対する懲戒処分を行うことも考えられ、さらに、極めて重大な問題行為であれば、解雇を検討しなければならない可能性もある。

しかし、一方的に従業員に不利益を与える人事措置を行うには、就業規則上の根拠が必要になる場合が少なくない。たとえば、懲戒処分を行うためには、あらかじめ就業規則に懲戒の事由および種類を定めておく必要がある[1]。

そのため、就業規則では万一従業員が SNS 上で問題行為を行った際に、上記のような人事措置をとることをできるようにあらかじめ規定しておく必要がある。

(イ)　具体的な規定方法

SNS の特徴である、流行やサービスの移り変わりの早さを考えると、いざ従業員が問題を起こしたときに修正が追いついておらず対応できないと

1　最判平成15年10月10日〔フジ興産事件〕労働判例861号 5 頁。

いうことになりかねないので、就業規則でSNSの細かな点に踏み込んだ規定を設けるのは避け、一般的な規定にとどめることが適切と考えられる。

就業規則を変更する際には、少なくとも労働者の過半数を代表する労働組合または労働者代表の意見を聴く必要がある（労働基準法90条1項）。また、就業規則を労働者に不利益に変更する際には、全労働者から個別に合意を得る（労働契約法9条）か、もしくは、「就業規則の変更が、労働者の受ける不利益の程度、労働条件の変更の必要性、変更後の就業規則の内容の相当性、労働組合等との交渉の状況その他の就業規則の変更に係る事情に照らして合理的なものである」（同法10条）必要がある。

就業規則の不利益変更を行うためには、これらの法令の要件を満たすために規則変更の大義名分を策定して、わかりやすい説明資料等を作成して説明会を開催し、質問を受け付けるなどといった丁寧な手続を経る必要があり、相応に手間と費用が掛かるうえ、不利益変更の適法性が常に認められるとも限らない。

また、就業規則は、懲戒処分等の人事措置の直接の根拠となるため、法的に厳密な表現で作成しなければならず、専門知識のない一般の従業員にはわかりにくいと考えられる。その点からも、就業規則では、一般的な表現にとどめ、次に述べるガイドラインにおいて、具体的な記載をすることが適切である。

なお、注意すべきは、就業規則に、「第○条（SNS）　社員のSNSの利用については、別に定める『SNSに関するガイドライン』を遵守するものとする」、「第○条（懲戒）　SNSに関するガイドラインに違反したとき……」などと規定すると、ガイドラインが就業規則の一部であると解釈されかねない点である。このように規定すると、ガイドラインについても上記の労働基準法や労働契約法が適用されてしまい、機動的な改正が困難になるため、このような規定は避け、服務規律、懲戒の項目に「会社の指示、命令等に違反したとき」程度の表現にとどめるべきである。上記のように、就業規則内に直接ガイドラインの遵守に関する条項を設けなくとも、万一の懲戒処分等の際には、次の(ウ)で示すような一般的な条項で対応できると考えられる。

(ウ)　記載例および各条項の説明

> 第○条（機密保持）
>
> 社員は、業務により得られた会社、取引先、顧客、同僚等の情報を厳重に管理し、私的に情報を使用し、又は第三者に漏えいしてはならない。

従業員に対し、業務により得られた情報の適正な管理を義務付けるとともに、私的な情報利用や漏えい等を禁止する条項である。

第2章Ⅰ1、2のような、情報漏えいに関するトラブルの場合は、この条項に対する違反を根拠として、懲戒処分等を行うことができる。

> 第○条（服務規律）
>
> 1　社員は、正当な理由なく、遅刻、早退又は欠勤をしてはならない。
>
> 2　社員は、勤務中業務に専念しなければならない。
>
> 3　社員は、就業規則その他会社の諸規程及び上長の指示及び命令を遵守し、誠実に業務に従事しなければならない。
>
> 4　社員は、勤務に関する手続その他の届出を怠り、又は虚偽の届出をしてはならない。
>
> 5　社員は、互いに協力して業務に取り組み、職場の風紀や秩序を乱すような行為を行ってはならない。
>
> 6　社員は、たとえ私的な行為であっても、会社の名誉を害し、信用を傷付けるようなことを行ってはならない。
>
> 7　社員は、会社の備品及び消耗品等を丁寧に取り扱い、会社の許諾なく、会社の備品及び消耗品を使用してはならない。
>
> 8　社員は、職務に関し不当に金品等を授受してはならない。
>
> 9　社員は、会社の承認を得ずに、在職のまま他に就職し、又は自ら事業を営んではならない。

10　社員は、性的な行動又は言動により、他の労働者に不利益や不快感を与えたり、就業環境を害するようなことをしてはならない。

11　社員は、職務上の地位や人間関係などの職場内の優位性を背景にした、業務上必要かつ相当な範囲を超える言動により、他の労働者に精神的・身体的な苦痛を与えたり、就業環境を害するようなことをしてはならない。

12　社員は、会社構内で政治活動及び宗教の勧誘等を行ってならない。

従業員に対し、勤務に関する一般的な注意事項を列挙した条項である。以下、SNSに関する部分について説明する。

2項は、勤務中の私的行為を禁止する条項である。第2章で列挙した問題行為が、勤務中に行われている場合は、他の条項に加え、この条項に対する違反を根拠として、懲戒処分等を行うことができる。

5項は、職場の風紀秩序を乱す行為を禁止する条項である。第2章Ⅰ4のような従業員間の誹謗中傷行為、あるいは、同6のような誹謗中傷に至らないまでも、SNSを利用した従業員のコミュニケーションにおけるトラブルが度を超した場合には、この条項に対する違反を根拠として、懲戒処分等を行うことができる。

6項は、会社の名誉・信用を傷つける行為を禁止する条項である。第2章Ⅰ3のような不適切な業務遂行に関する記載、同5のような私的な意見表明で度を超したものをはじめ、同1、2のような情報漏えいの場合にも、会社の名誉・信用を傷つけるものであれば、この条項に対する違反を根拠として、懲戒処分等を行うことができる。

7項は、会社の備品等の丁寧な取扱いを義務付け、私的利用を禁止する条項である。会社が貸与したPCや携帯電話でSNSへの投稿を行っていた場合は、この条項に対する違反を根拠として、懲戒処分等を行うことができる。

9項は、副業・兼業を原則禁止する条項である。社員がSNSで事業活動を行っている場合、この条項に対する違反を根拠として、懲戒処分等を行うことができる。ただし、第２章Ⅲ３⑵で述べたとおり、副業を理由とする懲戒処分は、副業による労務提供上の支障が生じるなど、具体的な問題が生じた場合に限られ、単に副業をしているというだけで必ずしも処分ができるわけではないことに注意が必要である。

10項および11項は、それぞれセクハラ・パワハラを禁止する条項である。第２章Ⅰ４のような誹謗中傷行為や、同６のような従業員のコミュニケーションにおけるトラブルに性的な要素を含んでいたり、職場内における優位性を背景としていたりする場合は、これらの条項に対する違反を根拠として、懲戒処分等を行うことができる。

第〇条（時間外労働及び休日労働）

1　会社は、業務の都合により、社員に対し、所定労働時間以外の時間、あるいは休日に労働することを命じることがある。

2　社員が、所定労働時間以外の時間、あるいは休日に労働する場合は、緊急の事情がある場合又は会社の命令がある場合を除き、必ず上長に事前に申し出て許可を得なければならない。

3　社員は、緊急の事情により、上長の許可なく所定労働時間以外の時間、あるいは休日に労働した場合は、速やかに上長に対し、時間外労働を行った理由及び労働時間その他会社が必要と認めた事項を報告しなければならない。

２項は、時間外労働や休日労働の際に、上長の事前の許可を得ることを義務付ける条項である。第２章Ⅰ７のように、自宅でSNSを利用して残業を行う場合、事前に許可を得ることを義務付けることで、予想外の残業代の発生を防ぐことができる。

注意点として、許可なき残業を行っていることを発見したら注意するなどして、厳密に運用しないと、黙示の承諾があったとみなされ、予想外の残業代が発生するリスクがある。

第○条（貸与電子機器の管理等）

1　社員は、会社から貸与された電子機器に、会社の許諾なく、情報媒体等を接続し、又はソフトウェアをインストールしてはならない。

2　会社は、必要と認める場合には、従業員に貸与した電子機器及び従業員が業務で使用しているクラウドサービス等に蓄積されたデータ等を閲覧・監視することができる。

1項は、会社が貸与した電子機器に無断で情報媒体を接続したり、ソフトウェアをインストールすることを禁止する条項である。第2章Ⅰ8のようなSNSの脆弱性に鑑み、業務で会社が予想していないソフトウェア、SNSを利用することを抑止し、リスクを低減することが期待される。

2項は、モニタリングに関する規定である。トラブルが生じた際に、従業員のPC等を会社が調査する必要があることが予想されるため、そのような調査を可能にする条項である。なお、近時は、クラウドサービスの利用が広がり、データがクラウド上でのみ保存されることもよく見られる。そのため、会社が業務用クラウドサービスを契約・利用している場合は、そのクラウドサービスについてもモニタリングの対象となることがわかるような条項とすることが適切である。

第○条（私物電子機器の持ち込み）

1　社員は、会社が指定する職場に、会社の許諾なく、社員が私的に所有する携帯電話、スマートフォン等の電子機器及びUSBメモリ、ハードディスク等の記録媒体を持ち込み、又は使用してはならない。

2　社員は、社員が私的に所有する携帯電話、スマートフォン等の電子機器を業務に用いる場合は、所定の方法により事前に申請し、会社の許可を受けなければならない。

1 項は、携帯電話等の持ち込みを禁止することにより、職場で不適切な撮影行為を行って SNS にアップロードするなどといった問題行為を予防するための規定である。

なお、この規定を設ける場合は、規定が適用される職場について、携帯電話等を保管するロッカー等の設備を導入することが適切と考えられる。

2 項は、私物の電子機器を業務に利用させることを認める場合の規定である。なお、この場合は、許可の基準、申請方法等を定めた内規を設けるとともに、通信費について従業員の負担とするのであれば、この点についても就業規則に定める必要がある（労働基準法89条 5 号）。

⑵　ガイドライン（私的利用）

㋐　総　論

本項で説明するガイドラインは、⑴の就業規則と異なり、会社が従業員に対し、SNS を私的に利用する際に注意してほしいことなどについて、会社の考え方をまとめたものである。

このガイドラインは、従業員に対し、SNS の利用に際し第 2 章で述べたような不用意な行為を行うと、従業員が予想していないような重大な事態が生じ、会社および従業員本人の双方に大きな不利益が生じるおそれがあることを認識してもらうことで、そのような事態を発生させないようにする、という「予防」を目的とするものである。

なお、⑴で上述したとおり、ガイドラインは、法的には「就業規則ではない」という位置づけなので、雇用契約の内容にはならない。そのため、「就業規則に違反したこと」ではなく、「このガイドラインに違反したこと」を理由に、直ちに懲戒処分等の人事措置をすることはできないことになる。しかし、ガイドラインをあらかじめ従業員に周知しておくことにより、SNS トラブルが生じた際、「SNS において行うべきではない行為をガイドラインで知っていたはずなのに行った」として、より就業規則等への違反であるとみなしやすくなり、懲戒処分等の人事措置を行うことが可能になるので、この点でもガイドラインの制定は予防として有用である。

(イ) ガイドラインの作成の基本的考え方

(A) わかりやすい文書を心掛けること

従業員には、さまざまな年齢や経歴の人がいるが、SNSを利用する可能性があることは、すべての従業員に共通である。もっとも、高校生や大学生のような若い世代のほうがSNSの利用率は高いことから、第2章で述べたようなSNSトラブルを発生させる可能性も、若い世代のほうが高いことが懸念される。

そのため、ガイドラインを作成する際には、従業員の構成に応じた内容とすること、たとえば、アルバイトの高校生や大学生がいるのであれば、アルバイトでも理解できるようなわかりやすい内容とすることが適切である。

(B) 簡潔な文書を心掛けること

SNSにおいて生じうるトラブルにはさまざまなものが考えられるので、考えられる事項を漏らさず記載しようとすると、ガイドラインが膨大なものになりかねない。

しかし、ガイドラインの分量があまりに膨大なものになった場合、従業員が読もうとしなくなり、SNSトラブルを予防するというガイドラインの趣旨に反するものとなってしまう。そのため、ガイドラインは、多くともA4用紙で数枚程度にまとめることが適切と考えられる。

(C) 事例を活用すること

たとえば、「他人の著作権を侵害しないこと」という内容をガイドラインに盛り込む場合、「著作権侵害」とはどのような場合に成立するのか、従業員に理解してもらう必要がある。

しかし、「著作権侵害」の正確な意味を理解してもらうためには相当の法律知識が必要になるところ、SNSガイドラインにおいては「行ってはならない行為が何か」ということをわかってもらえればよく、「著作権侵害」の意味を正確に理解してもらう必要はない。

そのため、著作権侵害であれば、「本や雑誌を撮影した画像や、他のウェブサイトに掲載されている画像をそのまま SNS に掲載すること」などといった典型的な事例を用いて、何が著作権侵害に当たる行為なのか理解してもらうことが有用と考えられる。

(ウ)　ガイドラインの記載例

> 1　はじめに
>
> このガイドラインは、当社従業員の方々がプライベートで SNS を利用するに際し、近時、注意して頂きたい事項をまとめたものです。
>
> プライベートでの SNS の利用は、皆さんの自由ですが、近時、SNS を通じた情報漏えいなどが社会問題になっており、万一そのような事態が生じた場合は、当社にとっても、そのような事態を生じさせた方にも、重大な損害が生じることが考えられます。
>
> そのような事態を生じさせないためにも、SNS を利用する従業員の方々は、このガイドラインを熟読しておいてください。

上記ガイドラインの趣旨・内容を簡単に説明するものである。ポイントとして、SNS を利用する従業員にあらかじめガイドラインを熟読するよう求めることで、万一トラブルが発生した際、従業員に対しガイドラインに違反したことを追及しやすくしている。

> 2　SNS の定義
>
> SNS（ソーシャル・ネットワーキング・サービス）とは、利用者が情報を発信し、形成していくネットサービスを言います。
>
> 例えば、Facebook、Twitter、Instagram、LINE などは、全てこのガイドラインの対象となる「SNS」です。

上記ガイドラインの対象となる「SNS」が何かということを明らかにしている。流行している SNS が変わった場合や、職場で流行っている SNS がある場合、アルバイト等の若い世代の間で流行っているSNSがある場合（TikTok、Pinterestなど）などは、例として挙げるSNSも追加・変更することが適切である。

> 3　SNSの特徴
> ・SNSでは、簡単に情報発信をすることができますが、あなたがした投稿は、友達だけではなく、全世界の人が見ることができます。
> ・友達以外に投稿を公開しない設定をしていた場合でも、その友達を通じて投稿が外部に流出する可能性があります。
> ・一度投稿した内容が拡散すると、完全に削除することはできず、ずっとインターネット上に残り続けます。
> ・匿名での投稿でも、他の投稿やその他のネット上の情報とつなぎ合わせて、あなた個人を特定される可能性があります。
> ・SNSは、人と人とが繋がるものですので、現実と同様の人間関係のトラブルがSNS上でも生じることがあります。

第1章で述べたSNSの特徴から生じる注意点について、簡潔にまとめたものである。

> 4　SNSを利用する際の注意点
> ・SNSは人と人とのやり取りのツールであるということを理解して、他人が読んで不快になるような投稿はしないようにしてください。
> 　例えば、同僚や顧客に対する中傷や、差別的な発言は避けてください。
> ・政治・宗教・社会問題など、人によって考え方が違う内容を投稿した場合、いわゆる「炎上」のような事態になるおそれがありますので、慎重に投稿するようにしてください。
> ・社外秘の情報や、顧客・取引先の個人情報などは投稿しないようにし

てください。

同僚との飲み会等他人が写っている写真は、勝手にアップロードされると不快に思う人がいるかもしれないことを念頭において、事前に許諾を得るなど配慮してください。

・著作権等の他人の権利を侵害する投稿はしないようにしてください。

例えば、本や雑誌を撮影した画像や、他のウェブサイトに掲載されている画像をコピーしてそのまま SNS に転載することは、著作権違反にあたります。SNS で他のウェブサイトを紹介したいのであれば、リンクを貼るようにして下さい。

・SNS で他人と交流する際、相手があなたと交流することを望んでいるのか考えてください。相手があなたと交流することを望まないとしても、それは相手の自由です。

・SNS の ID やパスワードは気をつけて管理し、他人に教えたりしないようにしてください。また、SNS の公開範囲の設定を確認し、意図しない範囲に投稿を公開しないように注意してください。

・会社の PC や携帯電話からは、個人の SNS にアクセスしないようにしてください。また、勤務時間中は、業務に専念し、個人の SNS にアクセスしないようにしてください。

・SNS からアプリケーションをインストールする際は、ウィルスやスパイウェアでないか注意してください。また、アプリケーションの中には、位置情報を自動的に発信する機能があるものがあります。自分がどこにいるか、というプライバシーを発信することになりますので、注意してください。

第 2 章で記載したトラブルの事例をもとに、そのようなトラブルを生じさせないようにするための注意点について簡潔に記載したものである。

実態に合わせた記載にするため、会社の状況に応じて、記載する内容や具体例は適宜変更することが適切である。たとえば、飲食店であれば、「著名人の方が来客されたとしても、そのことを絶対にSNSに書き込まないでください」などとすることが考えられる。

> 5　違反
> 本ガイドラインに反して、会社や顧客の秘密を漏えいしたり、会社の信用を傷付けるなど、就業規則に違反する行為を行った場合は、懲戒処分等の対象になることがあります。

違反した場合の効力について説明するとともに、懲戒処分の対象となるのは「就業規則」に違反した場合であることを明確にしている。

以上に示したガイドラインの文例は一例であり、実際にガイドラインを作成する際には、各企業の特徴を踏まえて作成することが必要である。

なお、他に総務省人事・恩給局による「国家公務員のソーシャルメディアの私的利用に当たっての留意点」や、企業によってはガイドラインを公開しているところもあり、これらを参考にすることも考えられる。

⑶　ガイドライン（公式アカウント）

㋐　総　論

本項で説明するガイドラインは、⑵の私的利用に関するガイドラインと異なり、企業が公的に運営しているSNSのアカウントにおける、運営の方針や方法について定めるものである。

公式アカウントの投稿や運営は、企業の業務そのものなので、その運営方針や方法については、他の業務と同様に、全面的に指示することが可能である。他方、SNSを活用するためには、往々にして機動的な投稿や更新が必要となることが少なくなく、たとえば、「投稿にはすべて上司の承認を必要とする」などと強い規制を定めると、実際に投稿をするときにはすでに時期を逸しており、そもそも公式アカウントを作成した意味がない、ということになりかねない。

そこで、次に掲げる作成例では、アカウントの投稿内容等については一定の方針を示したうえで基本的には担当者の判断に委ね、絶対に行ってはならない禁止事項は明示するという例を示している。

なお、このガイドラインは、業務に関する進め方を記載したものであり、いわゆる社内マニュアル等と同様の業務命令として位置づけられる。そのため、企業としては、特段の手続を要せず、事情の変化に合わせて自由に更新することが可能である。

(イ) ガイドラインの記載例

> 1　はじめに
>
> このガイドラインは、当社の SNS の公式アカウントの投稿・更新等に関するルールを記載したものです。公式アカウントの運営担当者は、このガイドラインに従ってアカウントの投稿・更新等の業務を実施して下さい。

ガイドラインの趣旨・内容を簡単に説明するものである。私的利用に関するガイドラインと異なり、社内のルールであり、従わなければならないものであることを明確にしている。

> 2　公式アカウントの運営方針
>
> 公式アカウントの運営方針は、次のとおりとする。
>
> ①　当社の製品・サービスやキャンペーンに関する情報を顧客に発信し、宣伝・広報を行う。
>
> ②　当社の企業活動等に関する情報を社会に発信し、当社のイメージの向上を図る。
>
> ③　当社の採用活動に関する情報を発信し、採用活動の支援を行う。
>
> ④　顧客と双方向のコミュニケーションを取り、顧客満足度やサービスの向上に繋げる。

公式アカウントの運営方針について定める条項である。ポイントとして、④の双方向のやりとりを行う場合は、顧客からのレスポンスに速やかに反応するため、投稿をある程度担当者の自由に委ねざるを得ないことが多いと考えられる。

3　投稿

(1)　公式アカウントの運営担当者は、前項の運営方針を踏まえ、公式アカウントにおける投稿は当社の公式の見解とみなされることに留意して、適切に投稿を行うものとする。

(2)　公式アカウントの運営担当者は、原則として、前項の規定に従い、自己の判断で投稿をすることができる。ただし、キャンペーン等関係部署との調整を要する内容の投稿については、投稿内容及び時期を事前に関係部署と調整して投稿を行うものとする。

(3)　公式アカウントの運営担当者は、次の各号に該当する投稿を行ってはならない。

①　当社・取引先・顧客等の秘密情報・プライバシー・個人情報が含まれる投稿

②　当社・取引先・顧客等を誹謗中傷し、あるいは信用を傷付ける投稿

③　著作権等の第三者の権利を侵害する投稿

④　政治・宗教・社会問題に関する投稿

⑤　当社の事業と無関係な投稿

(4)　公式アカウントの投稿は、原則として所定労働時間内に行うものとし、所定労働時間外に投稿を行う場合は、事前に上長に申告して許可を得るものとする。なお、所定労働時間外に投稿を行う場合は、できる限り予約投稿等の機能を利用し、所定労働時間内に必要な手続を完了させるように努めるものとする。

(5)　公式アカウントの投稿は、会社が特に許諾した場合を除き、社内の

指定した電子機器から行うものとし、担当者個人の PC や携帯電話からログインして投稿をしてはならない。

(1)は、投稿における基本的な考え方を明確にし、公式アカウントの投稿が企業の公式な見解として受け取られることについて注意するよう求めたものである。

(2)は、具体的な投稿方法について規定しており、キャンペーンのような他部署との調整が必要になる事項を除き、担当者の判断で投稿を行うことを認めている。なお、この規定については、キャンペーンの宣伝やクーポンの配布といった一方的な情報発信にのみ SNS を使用するなど、機動的な更新よりもむしろ情報発信の正確性が重視されるような場合には、「公式アカウントの運営担当者は、投稿内容及び時期を事前に上長及び関係部署に報告し、許諾を受けて投稿を行うものとする」などと、投稿を許可制にすることも考えられる。

(3)は、行ってはならない禁止事項を列挙した条項である。ポイントとして、④は、一般に意見が分かれやすく、かつ、業務と無関係な話題について投稿することを禁止することで、炎上等の事態を招くことを防止する意図を有している。また、⑤は、事業と無関係な投稿を禁止する内容であるが、事業と直接関係ない内容についても発信することで、公式アカウントに対する関心を高めるという運営方針をとる場合は、この条項を設けないことが適切である。

(4)は、労働時間管理の観点から、公式アカウントの投稿を原則として所定労働時間内に行い、所定労働時間外に行う場合は、上長の許可を必要とする条項である。

(5)は、情報管理・セキュリティおよび労働時間管理（私物の PC や携帯電話での投稿を認めると、SNS の投稿に用いる画像データ等が流出するおそれや、セキュリティが不十分な環境で投稿がなされるおそれ、帰宅後等の所定労働時間外に投稿がなされるおそれが生じる）の観点から、投稿に用いる電子媒体を社内の電子機器に限る規定である。なお、例外規定を設けているのは、担当者が出張中に投稿を行う必要があるような場合を想定している。

> 4　トラブル発生時の対応
> 公式アカウントの運営担当者は、公式アカウントに対して、他のユーザーからの苦情や権利侵害の報告が寄せられた場合、公式アカウントの投稿内容を非難する内容の投稿等が拡散しているのを発見した場合など、トラブルが生じるおそれがあると判断した場合は、速やかに上長に報告し、上長の指示に基づいて行動しなければならない。

上記は、トラブルが発生した場合、初期段階で速やかに報告することを義務付けることで、企業としてトラブルに早期に対応できるようにするための条項である。なお、軽微な苦情等については、担当者限りで対応することを認めることも考えられるが、軽微な苦情が大きなクレームにつながることもよくみられることであり、そもそも何が「軽微な」苦情なのか判断することも困難なので、原則としてすべて報告の対象とすることが望ましいと考えられる。

> 5　違反
> 本ガイドラインは、会社の公式な業務指示ですので、本ガイドラインに違反した場合は、就業規則違反として、懲戒処分等の対象になることがあります。

上記は、私的利用ガイドラインと異なり、公式なルールであり、違反の場合は、直ちに懲戒処分等の対象になることを明示した規定である。

⑷　ソーシャルメディアポリシー

㈠　総　論

ソーシャルメディアポリシー（以下、「ポリシー」という）は、これまでに述べた就業規則やガイドラインが社内に向けたルール等を定めるものであったのに対し、もっぱら社外に対し、企業の SNS に関する考え方や、従業員の SNS に対する対応等を公表するものである。

このようなポリシーを制定することで、SNS に関する事項について真摯に取り組んでいる企業であることをアピールするとともに、万一従業員の SNS で問題行為がみられた場合、企業としてできるだけの予防策をとっていたことを説明する根拠として用いることができる。

なお、上記のように、ポリシーはもっぱら外部に向けたものなので、当該ポリシー自体が従業員に対して法的な効力を有するものではない。

(イ)　ポリシーの記載例

> 1　はじめに
>
> 近時、SNS（ソーシャル・ネットワーキング・サービス）の発展に伴い、SNS を用いた情報発信や交流が拡大しており、当社においても、公式アカウントを用いて情報発信を実施しております。他方、SNS におけるトラブル等も生じており、お客様のプライバシーが流出する事案など、重大な事案も増えております。
>
> そのため、当社は、本ソーシャルメディアポリシーを策定し、当社が SNS を利用して行う情報発信について、以下の考え方に則って行うことを約束します。
>
> また、当社では、従業員に対しても、SNS の利用に関する教育を実施しており、以下の点に注意するよう、指導を行っております。

上記は、ポリシーを定めた目的と、ポリシーの基本的な内容について記載した条項である。

> 2　定義

⑴　「SNS」とは、例えばFacebook、Twitter、Instagram、LINEなど、利用者が情報を発信し、形成していくネットサービスを指します。
⑵　「公式アカウント」とは、当社が運営している次のSNSのアカウントを指します。
Facebook…http://www.facebook.com/●●/
Twiiter…http://twitter.com/●●
Instagram……http://www.instagram.com/●●

ポリシーの対象となる「SNS」および「公式アカウント」が何かということを明らかにしている。「公式アカウント」については、ここで何が公式アカウントであるかを明示しておくことで、なりすまし等の被害を防ぐことを容易にするという意味も有している。

なお、ウェブ上で公式アカウントを公開する場合は、アカウントのトップページへのリンクを貼って特定することがよいと考えられる。

3　SNSに対する基本的な考え方
当社では、SNSについて、容易に双方的な情報発信が可能であり、不特定多数が閲覧可能で、いったんなされた投稿内容を削除することが困難であるなどといった特徴を有していることを認識しています。そこで、当社では、次に掲げる留意事項について記載した公式アカウントの運営ガイドライン及び従業員の私的なSNSの利用に関するガイドラインを定め、ガイドラインの遵守に係る誓約書を取得する、また、SNSの利用に関する教育研修を行うなど、適切なSNSの利用が図られるように努めています。

SNSが有するリスクについて認識したうえで、ガイドラインを制定して従業員に対する教育等を行っていることを説明し、SNSに関する事項に適切に取り組んでいることをアピールしている。

4　留意事項

当社では、公式アカウント及びSNSの私的利用に際して、以下の事項に留意するよう従業員に求めています。

① SNSでは、容易に双方的な情報発信が可能であり、不特定多数が閲覧可能で、いったんなされた投稿内容を削除することが困難であることを意識すること

② お客様・取引先・当社等の秘密情報・プライバシー・個人情報が含まれる投稿を行わないこと

③ 他人を誹謗中傷し、あるいは信用を傷付けるような投稿を行わないこと

④ 法律を遵守し、著作権等の第三者の権利を侵害する投稿を行わないこと

⑤ ハラスメント、差別等の社会通念に反する投稿をせず、また、投稿以外のSNSの機能を利用して社会通念に反する行為を行わないこと

⑥ 私的な投稿でも、当社の従業員として認識されうることを意識して投稿すること

ガイドラインに定めた注意事項のうち、SNSで行うことが明らかに不適切であると考えられ、また、外部に示すことに問題がない事項を列挙して、SNSにおける留意事項について、適切な教育を行っていることをアピールする趣旨である。

たとえば、公式アカウントガイドラインの例で投稿を禁止している「政治・宗教・社会問題に関する投稿」については、業務と無関係で炎上のリスクも高いことを考慮して投稿を禁止しているにすぎず、SNSで「政治・宗教・社会問題に関する投稿」をすること事態が不適切というわけではないので、ポリシーには記載していない。

5　情報発信

当社の公式な情報発信は、当社公式ホームページ、プレスリリース、又は2(2)に記載した公式アカウントのみで実施します。

その他のSNSのアカウント等における情報発信は、たとえ当社従業員によるものであっても、当社の公式な情報発信ではありませんので、ご留意下さい。

公式な情報発信を行う媒体は会社の公式な媒体に限ることを明示したものである。なお、公式アカウントであっても、担当者の裁量を広く認め、実質的に個人の投稿に近い場合は、「公式アカウント」については、公式な情報発信の媒体としてポリシーに掲載しない、あるいは、一定のタグ等を付した投稿のみを公式な発信とすることも考えられる。

6　お問い合わせ

本ポリシー、又は、当社のSNSに関するお問い合わせやご質問については、○○までご連絡頂けますようお願い致します。

問合せ窓口を明示し、クレーム等を社内に誘導することで、投稿が外部に拡散されて炎上等の事態になることを予防する趣旨である。

2　社員教育

(1)　はじめに

第2章の事例・実例をみればわかるように、SNSでのトラブルでは、不特定多数に即時に拡散してしまうといったSNSの特性を軽視していたり、そもそも自分の書き込みやアップした写真に法的な問題があるとは認識していなかったと思われるケースが少なくない。そこで、SNS の利用に関する社員研修を行って、社員に SNS の特性をよく知ってもらい、またどういった書き込みや写真をアップするとどのような法律に違反したり権利を侵害するおそれがあるのかといったことを理解してもらうことが、SNS トラブル防止に役立つと考えられる。

また、社員の意識を高めるためには、ただ研修を行うだけではなく、SNS に特化した誓約書を作成して、社員からサインをもらっておくとより効果的である。誓約書をとっておくことにより、事実上の抑止的効果が期待できるほか、前例に比して懲戒処分等を厳罰化する際に会社に有利な事情の一つになりうる。

以下では、社員研修の方法や内容、誓約書の作成のポイントについて解説を行う。

⑵　社員研修

㈠　研修の内容

研修の内容としては、① SNS の特性（(A)）、② SNS の機能・設定（(B)）、③ SNS で発信すべきではない話題・内容（(C)）、④投稿者の特定（(D)）、⑤法律関係および権利関係（(E)）、⑥ガイドライン・規程類の紹介（(F)）、⑦実例紹介（(G)）が考えられる。以下順に解説する。

(A)　SNS の特性

先に挙げた実例をみると、SNS では不特定多数の者が閲覧可能であることや、問題のある書き込みは拡散されてしまえばネット上から消すのが困難になるといった SNS の特性を軽視して、軽い気持ちで書き込んでいるケースが少なくないので、このような SNS の特性を今一度認識し直してもらうようにすることが有用となる。SNS の主な特性を整理すると、以下のとおりである。

特性①：手軽かつ即時に発信できるため、熟考することなく発信してしまうおそれがあること
特性②：一度アップした書き込みは急速・半永久的に拡散するおそれがあること
特性③：さまざまな属性や価値観、意見を有する者が利用する公共性を有するものであること

(B)　SNSの機能・設定

SNSのうち特に利用者が多いのはFacebookとTwitterであると思われるが、いずれもシェアやリツイートという機能により、友達ではないまったく知らない人にまで投稿が届いてしまう。そのため、投稿が不特定多数の目に付きやすく、問題のある投稿をすればたちまち拡散されてしまうおそれがあるということを注意喚起しておく必要がある。

この点、SNSの初期設定では通常投稿した内容が誰でもみられる状態に設定されているので、これを特定の者しか閲覧できないように設定し直すことを促すだけでもSNSトラブルの発生を減らすことができると思われる。Twitterのケースでいえば、非公開設定にしておけば、投稿は友達しか見られず、またリツイートもできなくなる。ただし、投稿をそのままリツイートできなくても投稿画面を画像として撮影（キャプチャ）する等すれば容易に拡散されてしまうので、やはり問題のある投稿自体をしないということが肝要である。

(C)　SNSで発信すべきではない話題・内容

SNSは不特定多数の人が利用しており、また、さまざまな考え方をもっている人が利用している。そのため、投稿者としては個人的意見を軽い気持ちで投稿したつもりでも、その投稿によって傷つく人や怒りを覚える人がいたり、権利を侵害される人がいる可能性がある。

そこで、SNSにどのような投稿をするかは基本的に本人の自由であると

はいえ、SNS トラブルを引き起こさないようにするため、明らかに問題となるような内容については投稿しないように注意喚起しておくのがよい。たとえば以下のようなものが挙げられる。

- ・人種、思想、信条などに関する差別的内容・表現
- ・不敬な内容、攻撃的な内容
- ・誹謗中傷や名誉毀損・侮辱
- ・違法行為や違法行為を助長・肯定する内容
- ・会社の内部情報
- ・顧客や取引先の情報
- ・個人情報・プライバシー

なお、業務時間外に私物の PC・携帯電話を利用して SNS に書き込む場合は、私生活上の行為であり、基本的に従業員の自由であるから、投稿内容について会社が禁止できるものではないが（上記のように注意喚起にとどまる）、業務時間中に SNS に私的な投稿をする場合は、従業員には職務専念義務があるので、同義務に基づき禁止することは可能である。また、会社の PC や携帯電話には会社の管理権が及ぶので、会社の PC や携帯電話を利用して SNS に投稿したり、投稿は認めるとしても上記のような内容を投稿しないように命じることは可能である。

(D)　投稿者の特定

たとえば Twitter では匿名で投稿ができるので、投稿するにあたって慎重さや配慮を欠いてしまうようなケースが少なくないが、匿名での投稿であっても特定される可能性があるということを従業員によく認識してもらう必要がある。

Twitter 上匿名で投稿していても、たとえば、リンクさせている他の SNS（Facebook 等）には個人情報が掲載されており投稿者が特定されてしまう場合や、投稿内容や友人関係等から、職場や学校を特定されてしまう場合もあ

る。

具体例としては、ウェスティンホテル東京事件（事案の概要については、第2章Ⅰ2⑴②参照）では、従業員は、匿名（ただし、アカウントにローマ字表記した自分の名前を入れていた）で勤務先等も伏せて書き込みをしていたが、Twitterのプロフィールや他のSNS（mixi）に載せていた情報から通っていた大学等が判明し、ネットに上がっていたその大学の部活動の記録から当該従業員の本名が特定されている。また、Twitterの他の書き込みの内容や他のSNS（ついっぷる）に掲載していた写真から勤務先も特定されてしまっている。他にも、テレビ局職員が視聴者を馬鹿にする内容をTwitterに書き込み非難を浴びたケースでは、Twitterの位置情報や、Facebookに上げていた愛車の写真のボンネットに映っていた物から自宅住所まで特定されてしまっている。

⒠　法律関係および権利関係

第2章の事例や実例でみてきたように、自分の行った投稿に法律上問題があることや誰かの権利を侵害しているということを自覚なく投稿しているケースが少なくないので、法律や権利に関する基本的な知識を研修の場で学ばせることは、SNSトラブルの予防につながる。

たとえば、以下の知識・情報を提供することが考えられる。

①　プライバシー権・肖像権

ⓐ　顧客情報や芸能人の来店情報等をSNS上にアップすることはプライバシー権を侵害する可能性があること。写真を掲載することは肖像権を侵害する可能性があること。

㋐　プライバシー権とは、「私生活をみだりに公開されないという法的保障ないし権利」であること

㋑　プライバシーに当たるかどうかは、開示等された情報が、

・私生活上の事実または私生活上の事実らしく受け取られるおそれのある事柄であること（たとえば、異性関係、家族関係、病歴等）

・一般人の感覚からして公開を欲しない事柄であること

・一般の人々に未だ知られていない事柄であること

・公開によって実際に不快・不安の念を覚えたこと

という 4 つの要件を満たしているかどうかで判断されること

㋒　どこに誰と訪問したといった情報を SNS 上にアップされることは、一般人をして公開を欲しない情報であるとして、プライバシー侵害に当たる可能性があること

㋓　プライバシー権に近接する権利として、肖像権という権利があり、何人も、その承諾なしに、みだりにその容ぼう・姿態を撮影されない自由を有すること

㋔　芸能人等の写真を勝手にとって SNS に投稿することは肖像権を侵害する可能性があること

ⓑ　プライバシー権･肖像権を侵害した場合、損害賠償責任（民法709条）を負うこと

②　名誉毀損

ⓐ　公然と（不特定または多数の人が認識し得る状態のことをいう）事実を摘示し、人（法人や団体も含まれる）の名誉（社会的評価）を毀損した者は、民事上損害賠償責任（民法709条）を負い、刑事上名誉毀損罪（刑法230条 1 項。3 年以下の懲役もしくは禁錮または50万円以下の罰金）に当たる可能性があること

ⓑ　事実の摘示がなくても侮辱罪（刑法231条、拘留または科料）に当たる可能性があること

ⓒ　名誉毀損のツイートをリツイートした場合も名誉毀損に当たり損害賠償責任を負う可能性があること（大阪高判令和 2 年 6 月23日裁判所ウェブサイト等）

③　著作権

ⓐ　第三者が撮影してインターネット上にアップしている写真や動画には著作権が発生している可能性が高いこと

ⓑ　当該写真や動画を適法に利用するには、著作権者の許諾を得るほ

か、引用（著作権法32条１項）による方法があるが、適法な引用と認められるには、被利用者の著作物が利用者の作品の従たる物になっているか等判断が難しい要件をクリアーする必要があること

ⓒ　第三者の著作権を侵害した場合、原則としてその権利侵害は不法行為（民法709条）に該当し、当該投稿の削除義務（著作権法112条１項）や、損害賠償等の法的責任を負うことになること

ⓓ　無断画像投稿をリツイートし、その際トリミングにより写真から著作権者の氏名が削除された場合に、著作者人格権侵害になる可能性があること（最判令和２年７月21日民集74巻４号1407頁）

(F)　ガイドライン・規程類の告知・説明

SNS トラブル防止のための SNS の利用に関するガイドラインを策定しておくことが重要であることは本章１(2)(3)で述べたとおりであるが、立派なガイドラインを策定していても従業員に伝わっていなければ絵に描いた餅になってしまう。そのため、社員研修の際にガイドラインの内容について告知・説明をして、従業員の理解を深めておくことが重要となる。

また、SNS トラブルにより会社の名誉や信用を毀損した場合や、業務時間中に私用で SNS に投稿していたような場合、就業規則上服務規律違反や懲戒事由に当たり、注意指導や懲戒処分の対象になる旨も告知しておくとよい。また、SNS を利用して報酬を得ていることが副業には当たらないと考えている従業員も少なくないと思われるので、会社に副業に関する規制があれば、その規制の射程や内容について説明しておくとよい。

懲戒処分をする際は公平性を担保するために過去の同種事例に対する処分を参照することになるが、たとえば、過去に懲戒処分相当の SNS トラブルがあった際に注意指導に留めていたような場合は、今後 SNS トラブルを引き起こした際は厳しく対応する旨告知しておくことが肝要である。

(G)　実例紹介

SNS トラブルにはどのような類型・パターンがあるのかといったことや、SNS トラブルを引き起こすと投稿者にどのような影響が及ぶのかといった

点について抽象的に説明をするだけでは、従業員には伝わりにくく、明日は我が身という思いで真剣に聴いてもらうのはなかなか難しいので、これまで他社で起こったSNSトラブルの実例を紹介しながら説明をするのがよい。

その際、実例紹介の対象となった投稿者の著作権や個人情報の取扱いには十分注意する必要があるが、どのような投稿を行っていたのかや、投稿をしてから情報が拡散してニュースになったり、投稿者が特定されるまでの流れや時間、特定された投稿者がその後どのような被害に遭ったのかということまでなるべく具体的に説明することで、迫真性がより伝わると思われる（どこまで正確かはわからないので注意は必要であるが、上記情報は事件によってはネット上で詳しく紹介されており、取得することができる）。

(イ)　講師の選定

研修を行う講師としては、法務部、人事部、総務部等規程を作成した部署の社員が務めるケースが多いと思われるが、日頃あまりSNSを利用していない社員が規程やレジュメをただ読み上げるだけでは説得力がないので、なるべくSNSを日頃利用してSNSの機能等にも通じている社員の中から講師役を選任するのがよい。

ただ、会社によっては、指導すべき立場の従業員にSNSを使った経験がなく、講師役を任せられる適任者が社内でなかなかみつからないということもある。その場合は、外部講師（コンサルタント・弁護士等）を招くということも考えられる。

また、SNSトラブルに関する研修教材（DVD・テキスト）も販売されているので、講師の代わりに、そのような研修教材を購入して研修時に放映するという方法もある。

(ウ)　研修の対象者

第2章で紹介した実例からわかるように、SNSトラブルを引き起こしている者は正社員に限られず、いわゆるバカッターや芸能人の来店情報の書き込みなどはアルバイト従業員や派遣社員が行っているケースが多いので、研修は、正社員のみならず、アルバイト従業員・派遣社員などにも実施されたい。

(エ) 研修の時期

新入社員はSNS利用者が多く、学生時代の感覚でSNSに投稿してトラブルが発生する可能性が高いので、内定時や入社時の研修の中で、SNSの利用についても盛り込んでおくことは必須となる。

また、内定時や入社時に一度研修しただけでは次第に意識も薄れてしまうため、継続的に研修を行うことをお勧めしたい。研修を行うタイミングとしては、たとえば、同業他社などでSNSトラブルがニュースで報じられたときなどに行うと、従業員にはより身近な問題として感じられて効果的である。もちろん、自社でSNSトラブルが生じた際は、その直後に必ず研修を行うべきである（トラブル発生後の社員教育の実施については第4章7(1)も参照されたい）。

(オ) 研修のスタンス

研修では、SNSトラブルが生じることで会社に及ぶリスクばかりを説明して会社の利益保護をあまり強調しすぎると、どうしても説教のようになってしまい、従業員も他人事のように感じて聞き流してしまうおそれがある。

そもそも、業務時間外に私物のPC・携帯電話を利用してSNSに書き込む場合は、私生活上の行為であって、基本的に従業員の自由であり、会社の関与には限界がある。

そこで、研修のスタンスとしては、SNSトラブルが生じた場合に当該書き込みを行った従業員自身にどのような不利益が生じるかということを、実例を交えて具体的に説明して、従業員に対し、自分の身を守るために研修をしっかり聞いておこうという気にさせるような研修を目指すべきである。

(カ) その他

会社の事業内容や従業員の業務内容・属性、年代や役職によって研修のどこに重きをおくかは変わると思われる。たとえば、店舗で顧客と対面するような業務を行っている従業員に対しては、顧客情報の取扱いに関する研修が重視され、会社の重要な営業会議・経営会議に参加している従業員や新製品の開発に関与している従業員に対しては、会社の機密情報の取扱いに関する研修が重視される。また、会社の公式アカウントの担当者には、第 2 章Ⅱでみてきたようなトラブル・リスクを踏まえた研修が必要となる。それ以外にも、たとえば年次を重ねた管理職の場合、そもそも SNS を利用している者があまり多くないということがあるので、SNS のより基本的な仕組みから説明をしたうえで、管理職自身が SNS を利用した場合の注意点よりも、部下が SNS トラブルを引き起こした場合の初動について重点的に説明したほうがよいということも考えられる。

以上のように、画一的な研修ではなく、手間は掛かるが、受講者に応じた個別の研修を行うことが望ましい。

また、社員研修で取り扱った内容を随時確認できるようにするため、イントラネット上に社員研修のレジュメまたはその概要をまとめた資料や、SNS の利用に関するガイドラインをアップしておくことにより、日頃から周知を徹底しておくことが大事である。

(3)　誓約書

(ア)　はじめに

前項の社内研修を行うだけではなく、従業員の意識をより高めるため、SNS に特化した誓約書を作成して従業員からサインをもらっておくことが効果的である。そこで、以下では①誓約書の内容（書式）、②誓約書の取得時期、③誓約書取得の対象者について解説を行う。

(イ)　誓約書の内容

誓約書の内容としては、①業務時間内または会社機器を利用した私的アカウントでの投稿の禁止、②投稿すべきでない内容の明確化、③ SNS トラブルを発生させてしまったときの対応、④ SNS トラブルを発生させてしまったときの責任、⑤各規程の遵守という観点を盛り込むことが得策である。具体的には以下のとおりとなる。なお、SNS に特化せず、秘密保持に関する誓約の中で SNS にも触れた誓約書については、第 4 章 7 (5)を参照されたい。

○○株式会社
代表取締役社長　○○　○○　殿

誓　約　書

私は、Twitter、Facebook、blog 等のソーシャルメディアを利用するに当たり、下記の通り誓約します。

記

1．私は、勤務時間中職務専念義務を負っていることを自覚し、就業時間中にソーシャルメディアの私的な閲覧や、情報の書き込み又は画像等の掲載（以下「投稿」といいます。）は行いません。
2．私は、勤務時間外であっても、貴社から貸与されているパソコンや携帯電話を利用してソーシャルメディアに私的な投稿は行いません。
3．私は、ソーシャルメディアに投稿する場合は、貴社や私自身が特定されるような情報を投稿せず、また、以下の内容を含む投稿はいたしません。
　①　人種、思想、信条などに関する差別的内容・表現
　②　不敬な内容、攻撃的な内容
　③　誹謗中傷や名誉毀損
　④　違法行為や違法行為を助長・肯定する内容
　⑤　会社の内部情報
　⑥　顧客や取引先の情報
　⑦　個人情報・プライバシーに関わる情報
4．私は、ソーシャルメディアの利用に関してトラブルが生じた場合、直ちに上司に報告するようにいたします。
5．私は、貴社が第３項の①乃至⑦に該当すると判断した事項その他貴社が不適切と判断した事項については、直ちに削除又は修正の手続を行うようにいたします。
6．万が一本誓約書に違反して貴社に損害を発生させた場合には、貴社より懲戒処分、損害賠償請求、刑事告発などの法的請求・追及を受けても異存ございません。
7．貴社の就業規則及びガイドラインその他の規程を遵守いたします。

令和○年○月○日

氏名（署名）：　○○○○

なお、誓約書 6 項において懲戒処分や損害賠償に関して規定しているからといって、直ちに懲戒処分や損害賠償請求ができるようになるわけではないが、このような誓約書をとっておくことにより、事実上の抑止的効果が期待でき、また、たとえばこれまで懲戒処分を実施していなかったような事例で懲戒処分を実施する等厳罰化する際に会社に有利な事情の一つになりうる（事前の予告なく厳罰化すると公平性の観点から当該処分が無効になる可能性がある）。

(ウ)　誓約書の取得時期

在職中の義務等に関する誓約書は、採用内定時・入社時に取得するのみならず、意識が薄れてないように、たとえば前項の社内研修を行ったときや新たな事例が発生したときなどにあらためて取得し直すようにして、従業員の意識を高めておくのが適切である。社内研修を行ったきに取得する誓約書には「○月○日の社内研修を受講し内容をよく理解しました」という文言も入れておくとよりよい。

(エ)　誓約書取得の対象者

正社員や契約社員のみならず、SNS トラブルを起こしている従業員にはアルバイト社員・派遣社員も相当数いるので、彼らからも誓約書を取得しておくのが適切である。

3　チェック体制の整備

(1)　総　論

SNS 上の投稿は、いったん情報が拡散されてしまうと、拡散された情報をインターネット上から完全に削除することが不可能になってしまうため、

第2章において述べたように、不適切な情報を発信させないことが最善であることは言うまでもない。

もっとも、いったん情報が発信された場合でも、直ちに個人ないし企業が深刻なダメージを受ける場合ばかりとは限らず、徐々に情報が拡散し、炎上等のトラブルに至るものも見受けられる。

たとえば、平成27年3～4月に牛丼チェーン「すき家」の女性アルバイトが、店内で撮影した裸の写真などわいせつな画像をTwitterに投稿していた事件は、同年5月に広く世間で話題になっている。また、平成27年6～8月に大手物流会社「日本通運」の男性派遣社員が、同僚の顔をTwitterに投稿して「臭いし気持ち悪い」などと発言していた事件も、同年9月に電子掲示板で話題になり炎上している。平成31年2月ごろにバーミヤンのアルバイトによる不適切動画が炎上した事件や同年3月ごろに大戸屋のアルバイトによる不適切動画が炎上した事件も、当初動画が撮影、投稿されたのは平成30年である。

そのため、事案によっては、不適切な投稿を早期に発見し、投稿の削除等の対策をとることでトラブルを防ぐことは可能と思われる。ただし、平成30年12月に大手カラオケボックス「ビックエコー」のアルバイトが唐揚げを床にこすりつけてから揚げる動画をTwitterに投稿していた事件では、同月に会社が一旦謝罪したものの、平成31年2月に炎上しており、対応をとったからといって、その後に再度炎上する可能性は排除できず、炎上の都度、事実調査、プレスリリース等の対応を検討する必要がある。

また、情報が拡散した後になっても、企業が投稿を早期に発見し、社内調査、原因究明、反論等の対策をとることも可能と思われる。

たとえば、平成25年6月のチロルチョコの事例では、同月11日午後1時ころ、「チロルチョコの中に芋虫いた。どーゆーこと？ ありえない。もう絶対食べない」とTwitterの投稿がなされ、話題になったものの、チロルチョコの公式アカウントが、同日午後4時ころ、投稿に関し、「現在Twitter上でチロルチョコの中に芋虫がいたというツイートが流れている件に関しまして説明させて頂きます。現在ツイートされている商品は昨年の12月25日に最終出荷した商品で掲載されている写真から判断しますと30日～40日以内の状態の幼虫と思われます」と回答し、あわせて、日本チョコレート・ココア協会のＱ＆Ａを紹介し、チョコレート製品の生産段階で虫の卵や幼虫が入ることは通常なく、工場を出てからの過程で消費される間に侵入するケースが大半であると説明し、沈静化に成功している。また、平成31年２月７日に女性が焼肉店でたれを容器から飲んだりジョッキや氷を火にかける不適切な行為を行う動画を Instagram に投稿し、当該動画の店舗が焼肉バイキング「すたみな太郎」の店舗ではないかとの情報が拡散された事例では、同月12日に「すたみな太郎」を経営する株式会社江戸一が、すたみな太郎とは内装や食器等が異なる旨のプレスリリースを出している。

このように、不適切な投稿を早期に発見し、適切な対応をとれば、炎上等の大きなトラブルに至ることを避けることができる。そこで、本項では、不適切な投稿を早期に発見するためのチェック体制の整備（モニタリングも含む）について説明する。

⑵　各　論

SNS によるトラブル（特に企業に関するもの）は、投稿者の属性により、従業員が行った情報発信と、その他の第三者が行った情報発信とに大別できる。

これに対応して、チェック体制も、従業員が行った情報発信のチェックと、第三者が行った情報発信をも対象にした一般的なチェックとに大別できる。

㈠　一般的なチェック

(A)　自社によるチェック

まず、インターネットや SNS において、自社の社名やサービスを検索し、自社に関する投稿がなされていないか、自社でチェックをすること（エゴサーチ）が考えられる。チェックのための部門や人員を設けるというよりは、広報担当者等が時間をつくってチェックを行うという対応が現実的と思われる。

広報実務者のための専門誌「広報会議」が2015年3月3日に発表した「企業へのネガティブ投稿」に対しての調査結果によれば、「広報部門・チームでインターネット上の自社及び商品・サービス、社員などに関する書き込みについて、モニタリング（傾聴）を行っているか」という問いに、51.8％の企業が「している」と回答しており、SNS等のリスク対策に取り組んでいる企業が多いことがうかがわれる。

また、更なる積極的な対応として、企業のサポート担当者がTwitter上で自社製品に関する特定のキーワードを定期的に検索し、関連する投稿をしているユーザーに対し直接アプローチするという「アクティブサポート」という対応をとる事例もみられる。

(B)　専門業者によるチェック

また、近時では業者によるSNS監視サービスも登場している。インターネットで「SNS　監視」などとの単語を検索すると、多くの専門業者が発見できる。業者によっては、運営者への通報や削除代行等のサービスを提供しているところもみられる。ただし、弁護士でない業者による削除代行が弁護士法72条（非弁護士の法律事務の取扱い等の禁止）に違反するとして、依頼者の業者に対する報酬返還請求が認められた判決も出されているため、注意が必要である（東京地判平成29年2月20日判例タイムズ1451号237頁）。

(イ)　従業員が行った情報発信のチェック

従業員が行った情報発信に対しては、上記の一般的なチェックに加え、特に特定の従業員による投稿が疑われるような場合に、投稿者や原因究明等のために、その従業員の使用している端末（PC、スマートフォン等）や社用メールを調査することも考えられる。

(A)　社用端末（PC等）の調査

まず、書き込みが就業時間内に行われているなど、会社が従業員に業務で使用するために貸与している社用端末から、SNS、インターネットへの投稿を行っていることや、社用メールで外部に情報漏えい・誹謗中傷等を行っていることが疑われる場合に、社用端末の使用履歴（アクセスログ）や社用メールの履歴を調査することが考えられる。

社用端末については、会社の所有物であり、会社が自由に調査できるのではないか、との考えもあろうが、社用端末とはいえ、従業員のプライバシーとの衝突が生じ得る。裁判例でも、社用メール、業務用PCについて、従業員のプライバシーを一定範囲で認めたうえで、会社の調査の必要性や社会的相当性を考慮し、従業員のプライバシーとの利益衡量を行って、調査の適法性について判断がなされている。

〔裁判例〕　F社Z事業部（電子メール）事件・東京地判平成13年12月3日労働判例826号76頁

F社Z事業部の最高責任者Yは、同事業部の女性部下X_1およびその夫X_2がYのセクハラ行為を告発しようとしていることを知り、以後、X_1の電子メールを無断閲覧したことから、XらがYに対して合計200万円の損害賠償を請求した。裁判所は、「社員による電子メールの私的使用の禁止が徹底されたこともなく、社員の電子メールの私的使用に対する会社の調査等に関する基準や指針、会社による私的電子メールの閲読の可能性等が社員に告知されたこともない」場合には、従業員が会社のネットワークシステムを用いて電子メールを私的に使用することは、私用電話と同様、「会社における職務の遂行の妨げとならず、会社の経済的負担も極めて軽微なものである場合には、これらの外部からの連絡に適宜即応するために必要かつ合理的な限度の範囲内において、会社の電話装置を発信に用いることも社会通念上許容されている」とし、電子メールの私的使用に従業員の「一切のプライバシー権がないとはいえない」と判示した（下線は筆者。以下、同様)。そのうえで、電子メールについて、①一定の範囲でその通信内容等が社内ネットワークシステムのサーバーコンピューターや端末内に記録されるものであること、②社内ネットワークシステムには当該会社の管理者が存在し、ネットワーク全体を適宜監視しながら保守を行っているのが通常であること、さらにF社では③従業員のメールアドレスは社内で公開され、パスワードは各人の氏名をそのまま用いていたことから、「プライバシーの保護の範囲は通常の電話装置における場合よりも相当程度低減される」と判示したうえで、使用者による従業員の電子メールの監視について、「監視の目的、手段及びその態様等を総合考慮し、監視される側に生じた不利益とを比較衡量の上、社会通念上相当な範囲を逸脱した監視がなされた場合に限り、プライバシー権の侵害となる」と判示し、YがZ事業部の最高責任者であり監視を行うような責任ある立場にあることや、Xらによる電子メールの使用は私的使用として許容されている限度を超えていることなどを理由に、Xらの請求を棄却した。

〔裁判例〕　日経クイック情報（電子メール）事件・東京地判平成14年2月26日労働判例825号50頁

社内における誹謗中傷メールの送信者として疑われた元社員Xが、自己に対するY社およびその社員4名による調査がXのプライバシー権を侵害すると主張して500万円の損害賠償を請求した。裁判所は、企業は企業秩序を定立し維持する権限を有し、企業秩序に違反する行為があった場合には、「その違反行為の内容、態様、程度等を明らかにして、乱された企業秩序の回復に必要な業務上の指示、命令を発し、又は違反者に対し制裁として懲戒処分を行うため、事実関係の調査をすることができる」として企業による調査を認めた。ただし、「調査等の必要性を欠いたり、調査の態様等が社会的に許容しうる限界を超えていると認められる場合には労働者の精神的自由を侵害した違法な行為として不法行為を構成することがある」との限界を認め、具体的な事案について、①Xに調査を事前に告知しなかったことについては、事前の告知による調査への（悪）影響を考慮せざるを得ず、②Xのみを調査の対象としたことについては、Xが誹謗中傷メールの送信者として疑われていたことや過度の私用メールが発覚したことから他の社員との関係で公平を欠くものではなく、③私的なファイルまで調査される結果となった調査の範囲についてもやむを得ないことであり、調査に違法性はないとして、Xの請求を棄却した。

〔裁判例〕　労働政策研究・研修機構事件・東京高判平成17年 3 月23日労働判例893号42頁

週刊誌にY機構に関する批判的な記事が掲載され、内部告発を行ったと疑われる従業員Xに対し、Y機構は、その管理に係るXが専用使用する業務用 PC の使用履歴を無断で調査したうえで、三つの退職手当減額事由があるとして、Xの退職手当を 1 割減額した。裁判所は、「使用者の行為が労働者に対するプライバシー権の侵害にあたるか否かについては、行為の目的、態様等と労働者の被る不利益とを比較衡量した上で、社会通念上相当な範囲を逸脱したと認められる場合に限り、公序に反するものとしてプライバシー権の侵害となる」と判示した。同事案においては、調査は上記記事に関する事実関係を明らかにして監督官庁への説明をするなどの目的で行われたものであり、その態様もリース元への返却に伴いXから回収した後で、調査項目を PC 作業の対象となった電子ファイルの保存場所、ファイル名、作業開始日時、継続期間等に限って調査するというものであるから、調査目的が正当であるうえ、調査態様も妥当で、Xの被る不利益も大きくないからプライバシー権の侵害に当たらないとした。また、Xのプライバシー権侵害等を理由とするY機構の不法行為も否定した。

上記各裁判例から、概要以下の考え方を読み取ることができる。

①　社員による電子メール等の私的利用について、これを禁止する服務規

律上の定めが存在しないか、存在しても、その実効性確保に向けた取組みが十分でない場合、「会社における職務の遂行の妨げとならず、会社の経済的負担も極めて軽微なものである場合」には、許容されると考えられる（前掲・F社Z事業部（電子メール）事件参照）。

② 電子メール等の私的利用が一定範囲で許容されている場合、私的利用に伴う従業員の私的情報について、「一切のプライバシー権がないとはいえない」が、使用者が管理する領域（サーバー上のファイル等）に情報が残ることなどから、「プライバシーの保護の範囲は通常の電話装置における場合よりも相当程度低減される」（前掲・F社Z事業部（電子メール）事件参照）。

③ 使用者による従業員の電子メール等の監視にプライバシー侵害し、被監視者に対する不法行為（民法719条、715条）が成立するかについて、調査の必要性、調査態様の妥当性と、労働者の不利益を比較衡量し、社会的相当性等を欠かないと判断されれば、従業員のプライバシー権の侵害には当たらず、調査が適法となると解される（前掲・F社Z事業部（電子メール）事件、前掲・日経クイック情報（電子メール）事件および前掲・労働政策研究・研修機構事件参照）。

モニタリングに関する規定の要否について、従業員による電子メールの私的使用を禁止する規定や、社員の電子メールの私的使用に対する会社の調査に関する規定がない場合でも、一定の範囲で調査の余地が認められると理解できる（前掲・F社Z事業部（電子メール）事件参照）。ただ、事業場の全従業員を対象としたものであるときには、就業規則に記載することが労働基準法要求される（労働基準法89条10号）。また、事業場の全従業員を対象としていない場合および使用者に就業規則の作成義務がない場合（労働基準法89条参照。「常時10人以上の労働者を使用」していない場合。これらの場合、就業規則に記載する法的義務はない）にも、対象となる事項がサイバーセキュリティ上の重要な事項であることからすると、就業規則に記載しておくことが望ましいとされる[2]。実際、スムーズに調査を行うためには、電子メール等の私的利用を禁止する規定を定め、私的利用の取扱いや調査権の所在について規定上明らかにすることが適切である。

また、個人情報保護委員会が公表している「『個人情報の保護に関する法律についてのガイドライン』及び『個人データの漏えい等の事案が発生した場合等の対応について』に関する Q&A」（平成29年 2 月16日〔令和 3 年 6 月30日更新〕）のＱ４－６は、従業員を対象とするモニタリングに関して、モニタリングを実施する場合には以下の点に留意することが考えられ、また、モニタリングに関して個人情報の取扱いに係る重要事項を定めるときは、あらかじめ労働組合等に通知し必要に応じて協議を行うことが望ましく、その重要事項等を定めたときは従業員に周知することが望ましいと考えられるとしており、SNS 等の利用に関する社用端末の調査を行う場合にも参考になる。

○モニタリングの目的をあらかじめ特定した上で、社内規程等に定め、従業者に明示すること
○モニタリングの実施に関する責任者及びその権限を定めること
○あらかじめモニタリングの実施に関するルールを策定し、その内容を運用者に徹底すること
○モニタリングがあらかじめ定められたルールに従って適正に行われているか、確認を行うこと

このように、SNS 等の利用に関する社用メールや業務用 PC の調査を行うにあたっては、上記ガイドラインや裁判例を参考に、事前に社内規程を設け、会社の調査の必要性に基づき、従業員のプライバシーにも配慮した相当な態様、方法で調査を行うことがポイントになる。

(B)　従業員の個人所有の端末の調査

近時では従業員が個人所有のスマートフォン等の携帯情報端末を携行し、

2　内閣官房内閣サイバーセキュリティセンター（NISC）が令和 2 年 3 月 2 日付で策定した「サイバーセキュリティ関係法令 Q&A ハンドブック Ver1.0」の Q25参照。

それらを業務に利用（LINE等の連絡ツール等）しているケースも増えているが、個人所有の端末の調査を行うことの可否に関しては、社用端末や社用メールと異なるところである。

〔裁判例〕　西日本鉄道事件・最判昭和43年8月2日労働判例74号51頁

西日本鉄道株式会社（Y社）の電車運転手として勤務していたXが、Y社の所持品検査に際し靴を脱ぐことを拒否したところ、Y社就業規則の「社員が業務の正常な秩序維持のため、その所持品の検査を求められたときは、これを拒んではならない」という条項に違反したとして懲戒解雇になった事案について、最高裁判所は、「所持品検査は、これを必要とする合理的理由に基づいて、一般的に妥当な方法と程度で、しかも制度として、職場従業員に対して画一的に実施されるものでなければならない。そして、このようなものとしての所持品検査が、就業規則その他、明示の根拠に基づいて行われるときは、他にそれに代わるべき措置をとりうる余地が絶無でないとしても、従業員は個別的な場合にその方法や程度が妥当を欠く等、特段の事情がないかぎり、検査を受忍すべき義務があ」ると判断し、解雇を有効とした。

〔裁判例〕　関西電力事件・最判平成7年9月5日労働判例680号28頁

Y社が特定の従業員Xらに対して、退社後尾行したり、貸与したロッカーを無断で開けて私物である「民青手帳」を写真に撮影するなどした事案について、最高裁判所は、「Y社は、Xらにおいて現実には企業秩序を破壊し混乱させるなどのおそれがあるとは認められないにもかかわらず、Xらが共産党員又はその同調者であることのみを理由とし」、ロッカーを無断で開けて私物である「民青手帳」を写真に撮影した行為はプライバシーを侵害すると判断した。

上記の裁判例は、所持品検査、ロッカーの調査、手帳の写真撮影のケースであるが、それとも異なり個人所有の端末は、スケジュール、個人的なメッセージ、写真等の記録に用いられることが多く、また記録の容量も大きく、格段にプライバシー保護の要請が強いと思われる。そのため、従業員の同意を得ずにその個人所有の端末を調査することは難しいと考える。さらに、ネットワーク経由でパスワードを聞いてスマートフォン等の情報（たとえば、ウェブメールの内容等）を閲覧した場合、不正アクセス行為の禁止等に関する法律に違反する可能性さえある。

仮に調査を行う場合、従業員の同意を得るとともに、後から同意の有無を争われないよう、同意書等の形で同意を書面化しておくことがポイントになる。

㈦　私的アカウントのコントロール

従業員による SNS の利用は、通常は業務と関係のない私生活上の行為に属すると思われ、これを規制することは従業員のプライバシーに対する過度な干渉となるおそれがある。

⒜　アカウントの届出制

使用者が従業員の SNS アカウントを効率的に巡回して、不適切な情報発信がなされていないかチェックするため、従業員に保有している SNS のアカウントを届け出させることが考えられる。

しかし、アカウントを届け出させることは、従業員の私生活上の発言等を使用者が知ろうとするものであり、従業員のプライバシーに対する過度な干渉となり得るため、業務命令として従業員に対しこのような指示を行うことは難しいと考える。

そのため、アカウントを巡回するにしても、SNS 上で従業員等の個人名や会社名を検索し、公開されている情報の範囲で情報収集を行うにとどめることが適切であろう。

⒝　投稿内容の削除・修正要請

使用者が従業員の SNS アカウントに、企業の名誉や信用を傷つける投稿を発見した場合に、投稿内容の削除・修正要請を行うことができるかも問題になり得る。

この点については、原則としては、従業員の私生活上の発言等に対する干渉はできないが、企業の利益を害すると判断できれば、任意の削除・修正を求めることが可能と考えられる。下記のモルガン・スタンレー・ジャパン・リミテッド（本訴）事件において、裁判所も、従業員の私生活上の行為であっても、それが使用者の利益を害すると判断した場合、任意の修正を求めることは可能である旨判示している（なお、同事件の高裁判決〔東京高判平成17年11月30日労働判例919号83頁〕では、「従業員の全く私的な行為と認められるのでない限り、被控訴人（筆者注：使用者）の事業活動の一環として行われるものとして、被控訴人の指揮命令権限が及ぶ」とし、使用者の指揮命令権限を認めている）。

〔裁判例〕　モルガン・スタンレー・ジャパン・リミテッド（本訴）事件・東京地判平成17年４月15日労働判例895号42頁

金融商品を販売する業務に従事していた労働者Ｘが自己の取り扱う金融商品に関する留意点を発表した日本公認会計士協会に対し訴訟を提起し、そのことを使用者Ｙ社の顧客に喧伝したことなどを理由とする懲戒解雇および普通解雇について、裁判所は、「使用者は、従業員の私生活上の行為がＹ社の利益を害すると判断した場合、従業員個人に対して、かかる行為を任意に修正することを要請し、また、その前提として、従業員に対して、事前に予定された行為の内容の報告を求めることは、公序良俗に反しないと解される。さらに、従業員の私生活上の行為によって、使用者の利益が害された場合、使用者は、従業員に対して、事後的に労働契約上の誠実義務違反を問うことができる」と判示したうえで、喧伝行為や報告義務違反などＸの12の非違行為を認定し、懲戒解雇は無効であるが普通解雇は有効であると判断した。

(C)　使用者を免責する規定

使用者を免責することを目的として、金融機関によってはソーシャルメディアの私的アカウントのプロフィール欄に勤務先である自社の名前を記載することを禁止しようとする事例もあるとのことである[3]。

また、ガイドライン（私的利用）などで、組織の見解ではない旨の文言を明示させる対応も見られる。

現時点でこれらに関する裁判例は見受けられないが、私見としては、このような対応は、従業員の私生活上の活動を過度に制限するものではなく、可能であると考える。

3　中崎尚「ソーシャルメディアリスクに追われる金融機関」（銀行法務21・2013年８月号10頁以下）。

第 4 章

SNS 上の情報発信トラブルに対する企業の事後対応

1　総　論

(1)　従業員による SNS 上の情報発信トラブルに対する企業の迅速な対応の重要性

前章では、SNS 上でトラブルとなるような情報を従業員によって発信されないよう、企業が行うべき事前の予防策について説明を行ってきた。従業員の SNS 上の情報発信トラブルを防止すべく、企業が従業員に対して、十分に指導、注意喚起をする等の事前予防策を講じることは言うまでもなく必要であるが、一方で、事前予防策を講じていても、従業員による SNS 上の情報発信トラブルを確実にゼロにすることは実際には難しい。

また、従業員が SNS 上で不用意な情報発信を行えば、その情報がインターネット上で拡散し、その結果、不特定多数の人達から当該企業のウェブサイト上などに抗議や批判等が殺到することもある（いわゆる「炎上」）。そして、いったん炎上が起きれば、その発信された情報の内容の真否にかかわらず、炎上後の企業の対応次第で、社会における当該企業の信用が低下したり、場合によっては、企業利益の損失が発生する等、企業活動への悪影響は計り知れないものとなる可能性もある。そのうえ、いったんインターネット上で当該情報が拡散すれば、その拡散した情報すべてを削除することは非常に困難であり、一度信用を失った企業は、その信用を回復することに長い時間とコストを掛けざるを得ない。

そのため、企業としては、十分に事前予防策を講じていても、SNS 上の情報発信トラブルは起こりうるものであるという認識をもち、従業員による SNS 上の情報発信トラブルが発生した場合に備えて体制を整えておき、当該事態が発生した際には、できる限り、その被害を最小限にすべく、迅速かつ適切な対応をすることが極めて重要となる。

⑵ SNS上の情報発信トラブルが発生したときの対応（概要）

従業員によるSNS上の情報発信トラブルが判明した場合、企業としては、被害を最小限にするとともに、今後少なくとも同様のトラブルを生じさせないようにするための対応を講じる必要がある。

具体的には、企業は、大きく分けて以下の四つの対応について検討を行うことが必要となる。

対応事項	具体例
① 発信情報の削除対応	・従業員本人（発信者）への削除要請 ・発信者以外の削除権限者への削除要請 ・削除請求（仮処分・訴訟）
② 対外的対応	・プレスリリース（企業の見解発表、謝罪等）
③ 情報発信した従業員への対応	・注意・指導または懲戒処分 ・（民事）損害賠償請求 ・（刑事）告訴
④ 再発防止策の策定	・社員教育の再徹底等

① 発信情報の削除対応

SNSトラブルが発生した場合に最も重要なことは、被害を最小限にとどめることである。従業員によってSNS上に発信されたトラブル情報は、放っておけばさらにインターネット上に拡散する危険があるため、それを防止するために当該情報を削除する必要がある。

なお、SNS上でトラブル情報が発信されてしまうと、必ずしもすぐに削除をすることができない。そこで、できる限り当該情報を不特定多数の者からの閲覧しにくい状況とするために、逆SEO対策を行うことも検討せざるを得ない場合もある。

② 対外的対応

従業員によって発信された情報が企業の信用性にかかわるような重大なもので、かつそれがすでに拡散し（時には炎上が起き）ている場合には、当該企業の信用を一刻も早く回復し、またはこれ以上下げないようにしなければならない。そこで、SNS トラブルが発生し、炎上が起きた場合には、当該情報に対する一定の見解（事実関係に対する企業の見解や謝罪等）を公表することも検討する必要がある。

③　情報発信した従業員への対応

従業員が企業の信用性にかかわる情報をSNS上に発信した場合には、当該従業員に対しても企業として毅然とした対応をとる必要がある。具体的には、注意・指導または懲戒処分といった社内で行う対応と、（民事）損害賠償請求、（刑事）告訴といった公的機関を利用した対応等が挙げられるところである。この点に関し、企業として当該従業員に対し、どこまでの対応を行うかについては、発信されたトラブル情報の内容や対外的な影響を含めて検討することになる。

④　再発防止策の策定

SNS 上で一度発生したトラブルは、再度同様の形で発生する可能性が十分に考えられるところである。そこで、同様のトラブルが二度と起こることのないよう、各事案の反省を踏まえて社員教育の再徹底等対応策を検討する必要がある。

また、上記四つの対応を行う前提として、SNS 上のトラブルが発生した際に、誰がどのようにして対応するかといった体制の構築、当該 SNS で情報発信された事実の調査（誰が発信した情報かわからない場合もあるため、その場合には、発信者の特定も必要となる）と当該トラブルを解決するためのさまざまな証拠の収集が必要となる。

(3) SNS 上の情報発信トラブル発生後の対応の流れ

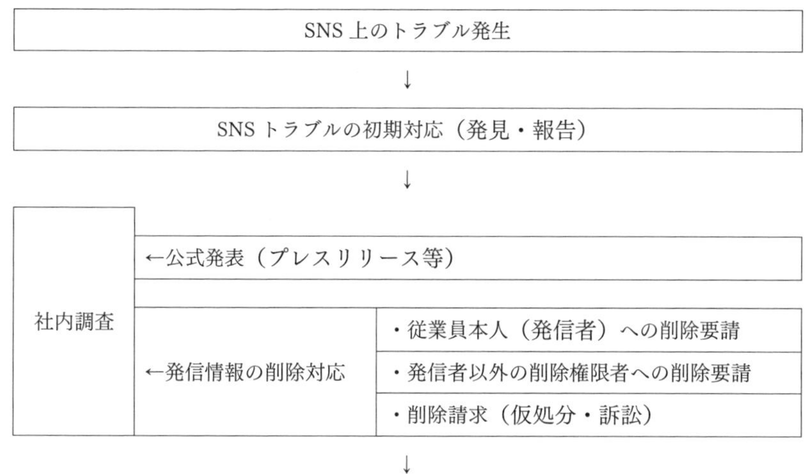

※「公式発表（プレスリリース等）」については、時期毎に、複数回行われることがある。

2　SNS 上の情報発信トラブル発生後の初期対応

(1) SNS 上に投稿された情報の発見の契機とその際の対応

企業がSNS 上に投稿され炎上した情報やその危険性をはらむ情報を発見するケースとしては、大きく分けて、①当該企業の従業員が発見するケースと、②第三者が発見して企業に通報するケースが考えられる。

①に関しては、企業の中には、より積極的に、炎上する前の早期の段階で企業にとってリスクをもつ情報をつかむために、たとえば、キーワードを基

に、自動的に検索をかけて、リスクのある情報を発見するというチェックツールを利用している企業もある。

また、②のケースについては、あらかじめ第三者からの専用の通報窓口を企業として設置しておけば、情報の一元化、対応の一元化を図れよう。なお、第三者からの通報の場合には、具体的な事実関係（トラブル情報が掲載されているWEBサイトのありか、その内容、発見日時等）を確認するとともに、後々、再度の事実確認等の必要性を鑑み、第三者の連絡先（電話番号やメールアドレス等）を聞いておくことが必要である（なお、連絡先を教えてもらえない場合に、それを強制できないことは言うまでもない）。

⑵　炎上（リスク）情報判明後の関係部署への報告と問題対処のための体制構築

前項の①、②のケースのいずれにおいても、早急に対応策を講じる必要があるため、上司や関係部署への速やかな報告が必要不可欠であろう。この場合、事前にこうした場合の報告、および問題対処のための体制をあらかじめ整備しておくことが肝要である。

そして、従業員によるSNS上の情報発信トラブルに対処する体制をどういったものにするかということについては、従業員による一般的なトラブル、不正に対する対応と同様に取り扱うことが基本となろう。最も円滑に手続を進めるために、具体的には、法務部門、コンプライアンス部門、人事部門、総務部門など、従業員による一般的なトラブルや不正に関する調査を行う際に対応する部門が中心となって対応を行うのがよい。なお、企業としての対応の中で、ホームページ上におけるプレスリリースや記者会見等、公式発表を検討する場合には、広報部門も適宜参加する必要がある。

3　社内調査による情報収集

⑴　はじめに――社内調査および調査結果の証拠化の必要性

社内調査は、SNS 上のトラブル情報について、その内容の真否を確認するとともに、対外的な対応（公式発表）や、SNS 上のトラブル情報を記載した従業員に対する対応（社内処分、民事、刑事手続）を行う前提として必要不可欠な作業である（この社内調査を前提としてその後の必要な対応も変わることとなる）。特に、こうした炎上リスクをはらむ情報についての調査は、時間を要すれば要するほど、情報が拡散し、より大きな被害に直結することになるので、できる限り迅速な対応が要求されるところである。

社内調査の主な手段としては、客観的資料の収集および精査と、従業員に対する事情聴取の二つが挙げられる。

そして、こうした社内調査によって収集された情報については、後々、裁判所等の証拠として使用される場合があることも想定したうえで、すべて文書やデータに記録化した形で整理しておく必要がある。

⑵　社内調査の前段階――トラブル情報が掲載されたSNSサイトからの情報収集および記録化

まず、企業は初期対応として、トラブル情報が掲載されたSNSサイトから以下のような点について情報収集を行う必要がある。

①　SNS サイトの URL およびトラブル情報が掲載された該当箇所の確認

SNS サイトに記載されたトラブル情報を後に削除してもらう前提として、当該サイトの URL および問題となっているトラブル情報が掲載された箇所を特定しておく。

②　SNS サイトに掲載されたトラブル情報の内容の確認

掲載された内容（事実）の真否について社内調査を行うために、SNS

サイトの掲載内容をできるだけ具体的に整理しておく。

③　SNS サイトに情報を発信した者の特定

SNS サイト上からは具体的な従業員名までの特定ができない場合であっても、できる限り当該 SNS サイトの掲載内容から従業員の範囲の絞り込みを行う。

④　情報の拡散状況の把握

企業として本事案についてどのような対応策を講じるかを検討するうえで、当該情報がどこまで拡散しているかを調査しておく。

また、あわせて、上記①ないし④に関連する情報が掲載された SNS サイト該当箇所の印刷、データ化（PDF 化、動画の保存等）等を行うことで、当該 SNS サイトの URL や、掲載内容の証拠を残しておくことも重要となる。

⑶　社内調査総論――従業員の調査協力義務

SNS 上のトラブル情報について、その内容の真否を確認したり、当該 SNS 情報発信者を特定するために、さまざまな従業員に調査協力を求める場合がある。この会社からの調査協力の要請に対し、従業員は協力しなければならないか、従業員の調査協力義務の有無が問題となる。

結論としては、従業員に一定の限度で調査協力義務は存在する。

この点に関し、裁判例は、「企業が（中略）企業秩序違反事件について調査をすることができるということから直ちに、労働者が、これに対応して、いつ、いかなる場合にも、当然に、企業の行う右調査に協力すべき義務を負っているものと解することはできない。けだし、労働者は、労働契約を締結して企業に雇用されることによって、企業に対し、労務提供義務を負うとともに、これに付随して、企業秩序遵守義務その他の義務を負うが、企業の一般的な支配に服するものということはできないからである」としたうえで、以下のような場合に従業員の調査協力義務を認めた（最判昭和52年12月13日〔富士重工業事件〕労働判例287号 7 頁）。

①　「当該労働者が他の労働者に対する指導、監督ないし企業秩序の維持

などを職責とする者であって、右調査に協力することがその職務の内容となっている場合」

② 「調査対象である違反行為の性質、内容、当該労働者の右違反行為見聞の機会と職務執行との関連性、より適切な調査方法の有無等諸般の事情から総合的に判断して、右調査に協力することが労務提供義務を履行する上で必要かつ合理的であると認め」られる場合

⑷ 社内調査方法（その１）――客観的資料の収集と精査

㈠ 客観的資料の収集の限界

社内調査の主な手段の一つとして、会社は、社内に保存されている客観的資料の収集とその精査を行うことが挙げられる。

この点、⑶のとおり、従業員にも一定の調査協力義務が認められることから、たとえば、トラブル情報の発信者であると疑われる従業員やその関係者（上司など）に対して、当該トラブル情報に関連する内容についての業務上の資料を提出させることは基本的には可能であろう。一方で、従業員個人の私物（たとえば、私物のカメラ、携帯電話、PC等）については、SNSトラブルの情報を発信した者を特定するうえでは重要な証拠となり得るものも多数あるが、あくまで企業の所有物ではない以上、企業は強制的に提出させることはできない。この場合にはあくまで任意の提出を促すにとどまる。

㈡ 企業が貸与したPCデータ（電子メール等）の調査の可否

では、企業が従業員に貸与したPCの中にあるデータや企業が従業員に付与したメールアドレスで行われたメールのやりとりについて、従業員の同意なく調査を行うことができるか。企業としては、トラブル情報を発信した従業員を特定し、またトラブル情報の発信経緯を調査するために、疑いのある従業員の電子メールやPC等の調査を実施する必要性がある。一方で、企業が従業員の電子メールやPC等を無制限に調査した場合、従業員の個人情報の保護の観点やプライバシー権の観点から問題となる。

この点に関し、企業が従業員の電子メールやPC等を従業員の同意なく調

査することについて、その適法性の判断基準を考えるうえで次のような裁判例が参考となる。

① 東京地判平成13年12月３日〔Ｆ社Ｚ事業部（電子メール）事件〕労働判例826号76頁

この裁判例は、上司が部下の私的な電子メールを調査したことについて、部下である従業員が上司に対して不法行為に基づく損害賠償請求を行った事案であるが、当該裁判例では、電子メールの調査の適法性について、「監視の目的、手段及びその態様等を総合考慮し、監視される側に生じた不利益とを比較衡量の上、社会通念上相当な範囲を逸脱した監視がなされた場合に限り、プライバシー権の侵害となると解するのが相当である」という判断基準を立てたうえで、当該上司による電子メールの調査について従業員に対するプライバシーの侵害はないと判断した。

なお、この裁判例では、調査として社会通念上相当な範囲を逸脱した例としては、以下のものを挙げている。

ⓐ 職務上従業員の電子メールの私的使用を監視するような責任ある立場にない者が監視した場合

ⓑ 責任ある立場にある者でも、これを監視する職務上の合理的必要性がまったくないのにもっぱら個人的な好奇心等から監視した場合

ⓒ 社内の管理部署その他の社内の第三者に対して監視の事実を秘匿したまま個人の恣意に基づく手段方法により監視した場合

② 東京地判平成14年２月26日〔日経クイック情報（電子メール）事件〕労働判例825号50頁

この裁判例は、匿名の誹謗中傷の電子メールが社内で流されたところ、その発信者と思われる従業員の電子メールを上司が調査したことに対し、プライバシーの侵害であるとして、当該従業員が会社および上司に対して損害賠償請求等を行った事案である。

この裁判例では、企業が行う事実関係の調査の可否に関し、「企業は、（中略）企業秩序に違反する行為があった場合には、その違反行為の内

容、態様、程度等を明らかにして、乱された企業秩序の回復に必要な業務上の指示、命令を発し、又は違反者に対し制裁として懲戒処分を行うため、事実関係の調査をすることができる」とした。

一方で、事実調査の限界として、「上記調査や命令も、それが企業の円滑な運営上必要かつ合理的なものであること、その方法態様が労働者の人格や自由に対する行きすぎた支配や拘束ではないことを要し、調査等の必要性を欠いたり、調査の態様等が社会的に許容しうる限界を超えていると認められる場合には労働者の精神的自由を侵害した違法な行為として不法行為を構成することがある」として、調査の必要性、合理性や、調査の態様等の社会的許容性を事実関係の調査の限界判断の要素とした。そのうえで、

ⓐ　当該従業員が誹謗中傷メールを送信したと疑う合理的理由があり、当該従業員の使用するメールを調査する業務上の必要が存在したこと（必要性、合理性の判断）

ⓑ　会社が行った調査は、業務に必要な情報を保存する目的で会社が所有し管理するファイルサーバー上のデータの調査であり、当該事案では、業務に何らかの関連を有する情報が保存されていると判断されるファイルの内容を含めて調査の必要が存する以上、その調査が社会的に許容しうる限界を超えて従業員の精神的自由を侵害した違法な行為であるとはいえないこと（社会的許容性の判断）

等を理由として、会社による電子メールの調査につき、従業員に対するプライバシーの侵害はないと認定した。

このように、裁判例は、電子メール調査の目的（必要性、合理性）や、調査の手段、態様、範囲等の相当性（許容性）を総合的に判断したうえで、電子メール調査実施の適法性（従業員のプライバシー権侵害の有無）を判断している。

(ウ)　机やロッカーなどの企業の貸与物の調査の可否

では、企業はさらに、従業員に貸与した机の中やロッカーの中身につい

て、従業員の同意なく、自由に調査することができるであろうか。

この点に関し、裁判例の中には、会社が、従業員に対して、共産党員ないしその同調者という理由のみで、会社貸与のロッカーを開けて私物を撮影するなどの行為を行ったことが、プライバシーの侵害とする（最判平成 7 年 9 月 5 日〔関西電力事件〕労働判例680号28頁）ものもあることから、会社が貸与した机やロッカーであっても、従業員本人に無断で、自由に調査することは避けるべきであり、まずは、従業員本人に同意をとったうえで、従業員本人立ち会いの下、調査をすることを検討するのが適切な対応といえよう。

そして、仮に従業員自身が調査することを拒絶した場合であっても、強制的に調査をすることはできるだけ避けたほうがよいと思われる。ただし、その場合には、拒絶したという事実自体をもって従業員の主張、弁明した事実について不利な心証とはなる。

⑸　社内調査方法（その 2）――従業員に対する事情聴取

社内調査の主な手段の一つとして、従業員に対する事情聴取が挙げられる。この点、従業員には一定の調査協力義務が存在することはすでに説明したところであるが、企業としては、調査協力義務があるケースであっても、まずは、従業員に対して強制的に（業務命令として）事情聴取を行うのではなく、その従業員に対して事情聴取を受けることを要請し、同意の下で行うことが肝要である。強制的に事情聴取をしたとしても、後々、「無理矢理言わされた」として当該事情聴取の内容を否定されてしまうと、その事情聴取の信用性が下がる危険があるためである。できる限り、事情聴取は任意の形で、要請、説得することを試みるのが、適切な対応といえよう。

㋐　関係者に対する事情聴取

SNS 上の当該トラブル情報の中に名前が挙がっている従業員や、当該トラブル情報に関係すると推測される者に対しては、通常、事実確認のためのヒアリング（事情聴取）をすることになる。事情聴取をする場合には、できるだけ詳細な事実確認を行うことが肝要である。具体的には、いつ（When）、どこで（Where）、誰が（Who）、何を（What）、なぜ（Why）、どのように（How）、という、いわゆる５Ｗ１Ｈに留意して事実確認を行うとよい。

また、事情聴取内容の記録化といった観点からは、事情聴取をした当該従業員に対し、事実確認した内容について書面を作成してもらったり、あるいは、事情聴取を実施した担当者がその聴取内容をまとめ、その書面を本人に確認してもらい、そこに署名押印をもらうとよい。他にも、事情聴取内容を録音しておいたり、事情聴取内容について議事録を作成しておくことも有用であろう。なお、ここでもできるかぎり５Ｗ１Ｈを意識した形の記録を取っておくことが肝要である。

(イ)　本人に対する事情聴取

トラブル情報が掲載されたSNSサイトの内容や、社内の調査によって、当該情報を発信した従業員が特定された場合には、その当人に対しても事実確認を行うことになる。

その際の留意点は、基本的には、(ア)の関係者に対する事情聴取の場合と同様である。

すなわち、まず、事実確認をする際は、５Ｗ１Ｈを意識したできるだけ具体的かつ詳細な事実確認を行う。また、本人には、詳細（５Ｗ１Ｈ）な顛末書を書かせることが重要となる（可能であれば、すべて本人の自筆［署名押印付き］で書いてもらい、本人がPCで打ち込んだ場合には、自筆の署名押印を必ず行わせるようにするのがよい）。

また、事情聴取の内容について録音したり、議事録を作成することも有用であろう。

(6)　情報発信者である従業員の特定――発信者情報開示請求

SNS上のトラブル情報を従業員の誰が発信したかを、当該SNSにおける記載内容や、その後の社内調査によって特定ができれば問題はないが、必ずしも誰が発信したのか特定できるわけではない。そこで、その場合の対応として考えられる手段がプロバイダ等に対する発信者情報開示請求である。

この発信者情報開示請求に関する法律として、「特定電気通信役務提供者の損害賠償責任の制限及び発信者情報の開示に関する法律」（プロバイダ責任制限法）が挙げられる。同法 4 条 1 項は、発信者の氏名住所等の情報を有しているプロバイダに対して発信者情報開示を請求する権利を認めたものである。

> プロバイダ責任制限法 4 条 1 項[1]
>
> 特定電気通信による情報の流通によって自己の権利を侵害されたとする者は、次の各号のいずれにも該当するときに限り、当該特定電気通信の用に供される特定電気通信設備を用いる特定電気通信役務提供者（以下「開示関係役務提供者」という。）に対し、当該開示関係役務提供者が保有する当該権利の侵害に係る発信者情報（氏名、住所その他の侵害情報の発信者の特定に資する情報であって総務省令で定めるものをいう。以下同じ。）の開示を請求することができる。
>
> 一　侵害情報の流通によって当該開示の請求をする者の権利が侵害されたことが明らかであるとき。
>
> 二　当該発信者情報が当該開示の請求をする者の損害賠償請求権の行使のために必要である場合その他発信者情報の開示を受けるべき正当な理由があるとき。

すなわち、発信者情報開示請求をするための要件としては、

① 当該トラブル情報によって、企業の権利が侵害されたことが明らかであること

② 企業にとって発信者情報開示を受ける正当な理由（たとえば、発信者に対する損害賠償請求、削除請求を行うため等）

が必要となる。

1　令和 3 年 4 月21日のプロバイダ制限責任法改正前の条項で、改正法（後述）でも同様の規定はあるが、条文番号が変わる。

次に実際の開示請求方法であるが、まずは当該トラブル情報が掲載されているSNSの管理者に対して発信者情報開示請求を行うことになる。この点、匿名による書き込みがなされている場合には、当該SNSの管理者においても、通常、情報発信者の氏名や住所まではわからない。そこで、まずは、当該SNSの管理者に対しては、発信者の「IPアドレス」および「タイムスタンプ」を開示してもらい、その情報から、情報発信者が利用しているサービスプロバイダを特定した後に、当該サービスプロバイダに対して、上記「IPアドレス」および「タイムスタンプ」を示して、情報発信者の氏名および住所などの情報開示請求を行うことが考えられる。また、令和2年8月31日に「特定電気通信役務提供者の損害賠償責任の制限及び発信者情報の開示に関する法律第4条第1項の発信者情報を定める省令の一部を改正する省令」が公布、同日から施行されたことを受け、プロバイダ責任制限法4条1項に基づく開示請求の対象となる権利の侵害に係る発信者情報として「発信者の電話番号」が追加された。これにより、SNSの管理者から発信者の「電話番号」を開示してもらい、その電話番号を基に、携帯電話会社に直接、損害賠償請求に必要な投稿者の情報を弁護士照会等することも可能になった。ただし、いずれにしても、一回の手続で発信者の特定ができるわけではないことには注意が必要である。

なお、こうした開示請求にSNS管理者などが応じない場合には、最終的には裁判手続（仮処分、訴訟）に移行せざるを得ない。

このように現状の発信者情報開示請求の手続としては、SNSの管理者に対する開示請求と、その後のサービスプロバイダ等の通信事業者に対する開示請求の2回の手続を経ることが必要となっており、裁判手続を利用して当該手続を行うと、発信者の特定までに時間を要しているところである。しかし近年のインターネット上の誹謗中傷などによる権利侵害がクローズアップされたことを受け、その被害者救済を迅速に行うための新たな制度見直しが行われ、プロバイダ責任制限法の一部が令和3年4月21日に改正された（令和3年法律第27号。以下、改正後のプロバイダ責任制限法を「改正法」という）。

主な改正内容としては、仮処分や訴訟ではない比較手続が簡便な新たな裁判手続（非訟手続）が創設されたことが大きな改正ポイントとして挙げられる。具体的には、被害者から発信者情報開示命令の申立てを行うと、裁判所は、開示関係役務提供者に対し、決定で発信者情報の開示を命じることができるとされた（改正法 8 条)。そして、その手続の中で、裁判所は、必要に応じて、SNS の管理者に対し、サービスプロバイダの情報を開示するよう命じることができるとともに、当該被害者の申立てにより、同手続で、サービスプロバイダに対して、発信者情報（氏名等の情報）の開示を命じることができるとされている(改正法15条 1 項)。このように新たな非訟手続の創設で、2 回の手続を経なければならないところを 1 回の手続で進めることを可能となった。

また、投稿時の通信記録が保存されないなど発信者の特定に必要となる場合には、SNS へのログイン時の情報の開示が可能となるよう、開示請求を行うことができる範囲等が拡大された(改正法 2 条 6 号、5 条 1 項 1 号～ 3 号)。

ほかにも、改正の内容としては、裁判所による開示命令までの間、必要とされる通信記録の保全のため、発信者情報開示命令の申立てを行った申立人が申立てを行い、発信者情報が特定できなくなることを防止するために必要と認められれば、発信者情報開示命令の申立てが終了するまで、発信者情報の消去禁止を命じることができるとされ、被害者の保護を手厚くした点も挙げられる（改正法16条)。

なお、この改正法は、令和 3 年 4 月28日に公布され、施行は公布後 1 年 6 か月以内とされているため（令和 3 年法律第27号附則 1 条)、令和 4 年秋ごろまでには改正法による手続が実施されることとなる。

4　従業員が発信した情報の削除

⑴　トラブル情報削除の方法

SNS上の情報発信トラブルの拡大防止、沈静化を図るための対応として必須であるのが、従業員が発信した情報を速やかに削除することである。削除するための方法としては、以下のようなやり方が考えられる。

①　発信者である従業員に対する削除要請

②　発信者以外の削除権限者（サイト管理者）に対する削除要請

③　裁判手続の利用

⑵　発信者である従業員に対する削除要請

SNSのWEBサイトは発信者本人に削除権限が付与されているものもあるため（中には発信者本人が投稿を削除できないものもある）、発信者が特定できているのであれば、当該従業員に対してSNS上に発信された情報の削除を依頼し、本人に任意に削除をしてもらうのが最短の解決方法であろう。

⑶　発信者以外の削除権限者（サイト管理者）に対する削除要請

一方で発信者が特定できない場合、あるいは発信者本人が削除を拒否した場合には、当該情報が発信されたWEBサイト（ブログや掲示板など）の管理者等に対して、情報の削除要請を行うことになる。

こうしたWEBサイトの管理者等に対して削除要請を行う場合に、留意しなければならないのが、プロバイダ責任制限法である。

その中でも、プロバイダ責任制限法3条1項は、プロバイダである管理者等に「被害者」である企業に対する一定の責任の制限を認めた条項である。

プロバイダ制限責任法3条1項

> 特定電気通信による情報の流通により他人の権利が侵害されたときは、当該特定電気通信の用に供される特定電気通信設備を用いる特定電気通信役務提供者（以下この項において「関係役務提供者」という。）は、これによって生じた損害については、権利を侵害した情報の不特定の者に対する送信を防止する措置を講ずることが技術的に可能な場合であって、次の各号のいずれかに該当するときでなければ、賠償の責めに任じない。ただし、当該関係役務提供者が当該権利を侵害した情報の発信者である場合は、この限りでない。
> 一　当該関係役務提供者が当該特定電気通信による情報の流通によって他人の権利が侵害されていることを知っていたとき。
> 二　当該関係役務提供者が、当該特定電気通信による情報の流通を知っていた場合であって、当該特定電気通信による情報の流通によって他人の権利が侵害されていることを知ることができたと認めるに足りる相当の理由があるとき。

すなわち、管理者に削除の責任を負わせる条件としては、

①　書き込みの削除が技術的に可能であること

②　当該投稿によって、他人の権利が侵害されていることを知っていたか、知ることができたと認めるに足りる相当な理由があること

が必要となる。したがって、企業が投稿の削除を管理者等に求める場合には、当該投稿の内容が企業の権利を侵害していることを適切に説明する必要がある。具体的には、当該投稿のどの箇所が企業の権利を害している部分であるのか明確に特定するとともに、それがなぜ権利を侵害しているのか（たとえば、虚偽の事実である、企業を侮辱する内容である等）を明確に説明するなどの対応が必要であるといえよう。

以上を踏まえて、管理者等に削除要請を求める際に、伝えておくべき情報は通常以下のようなものが挙げられる。

①　当該投稿がなされている SNS サイトの名称および URL

② 投稿者の氏名（ID、ハンドルネーム）

③ 投稿日時

④ 削除を要請する当該問題箇所（文章を抜粋するなど、明確に特定する）

⑤ 侵害される権利および権利侵害の理由

⑥ 企業の担当者の名前および連絡先

なお、その要請の手段であるが、企業が管理者に削除要請の内容を伝えたことを明確に示すためには「内容証明郵便」を送ることが有益な方法の一つである。一方で、各SNSサイトにおいては、管理者が自主的に情報を削除する場合のルールや手続を定めていることも多い。その場合には、各SNSサイトで定められているルールや手続に従って削除要請を行えば、迅速に対応してもらえる可能性が高まるであろう。

⑷ 裁判手続の利用

以上のように、発信者や管理者等の第三者に対する削除要請のやり方を述べてきたが、そのいずれの方法も功を奏さない場合には、裁判所に対し当該投稿の削除の仮処分や訴訟を申し立てることとなる。

ただし、裁判手続を利用する場合は、その結論が出るまでには相当な時間と労力を使うことになるため、その点は覚悟をしておく必要がある。

5 当該情報が拡散した場合の対外的な対応（公式発表の検討）

⑴ 企業によるトラブル情報に関する公式発表の必要性の有無

従業員がSNS上で発信したトラブル情報がインターネット上で拡散し、その結果、炎上が発生してしまった場合には、企業としては、事態の早期収束、拡大防止のため、ホームページ上でプレスリリースを発表したり、時には記者会見をするなど、公式発表を行うことを検討することになろう。一方で、SNS 上で発信されたトラブル情報が早期に発見され、情報の拡散や炎上が見られないようなケースにおいてまで、わざわざ公式発表を行う必要性は乏しい（公式発表を行えば、かえって世間に当該トラブル情報を認知させ、不要な炎上を誘発することにもなりかねない）。

要するに、このような公式発表を行うか否かは、トラブル情報の内容や波及の程度を考慮しつつ、ケースに応じて対応していかざるを得ないと思われる。

実際にも、平成31年上半期に多発したバイトテロの事案では、メディアも多く取り上げたことも影響して、多くの企業で早い段階でのプレスリリースがなされ、その中で、従業員の行った行為に対する謝罪、処分した旨の通知、今後の再発防止のための措置などの対応を行う企業も多くみられたところである（詳細は、第１章４〈図表３〉参照）。

㈠　トラブル情報の内容

情報発信されたトラブル情報の内容の中でも、たとえば、何の具体的な事実関係も示されておらず、単なる誹謗中傷（「○○会社はブラック企業だ」、「△△会社はパワハラが横行している」など）が記載されている場合がある。このような極めて抽象的な誹謗中傷だけであれば、公式発表はほかによほどの事情がない限り不要である。

一方で、単なる誹謗中傷だけでなく、真実か否かにかかわらず具体的な記載がされている場合は、その内容によって考慮の度合いが変わってくる。具体的には、記載された内容について、①企業自体のことなのか、従業員個人のことなのか、②どの程度、企業の業務と関連性を有する内容であるのか（業務との関連性）、③どの程度、企業の信用を毀損することになるのか、といった観点から検討することになる。

㈡　当該トラブル情報の波及の程度

また、当該トラブル情報がどこまで波及しているかという点も公式発表を行うか否かを判断するうえで考慮材料となる。たとえば、トラブル情報が従業員のSNS上にとどまっていて、特に他のWEBサイト上に波及しているわけではなく、外部からの問い合わせ等もまったくないようなケースの場合には、公式発表は不要であろう。

反対に、従業員のSNS上のみならず、他のWEBサイトに波及した結果、インターネットニュースに取り上げられてしまったようなケースや、トラブル情報について多くの問い合わせが殺到してしまっているような場合には、何らかの形で公式発表を行うことが必要となろう。

⑵ 公式発表のタイミング

プレスリリースを行う場合、基本的には、社内調査を終えて事実関係が明らかとなりすべてが解決したうえで、事案に応じて必要な範囲で公式発表できれば、最も充実した内容を伝えることができるのは当然である。

しかし実際には、事実関係を調査し、すべてを解決するには非常に多くの時間を要する一方で、早急に公式発表を行わなければ、トラブル情報がますます拡散し（炎上がますます拡大し）、企業に対する世間の信用（疑心暗鬼も含めて）が刻一刻と毀損されていくことになる。

そこで、まずは、公式発表の必要があると判断した場合には、できるだけ早期の段階で公式発表を行うことが望ましい。当然のことながら、早期の段階では社内調査には限界がある以上、現時点で把握している範囲での説明を行うこととなろう。その後、必要に応じて、都度、公式発表を行いつつ、すべてが解決した段階で最終的な公式発表を行うのが適切である。

また、バイトテロの事案で、動画アップが発覚した後、一旦プレスリリースをした後少し時間が経過した後に、その動画が拡散され炎上したケースもあり、その際に、再度プレスリリースを出したケースも存在する。このように一旦、プレスリリースを出したとしても、必要に応じて、再度出さなければならないケースもあり、各事案ごとに必要性を鑑みつつ出すことが求められる。

(3) 公式発表の内容

企業がホームページ上でプレスリリースを発表したり、記者会見をする等公式発表を行う場合、まずは、炎上しているトラブル情報の真否にかかわらず、道義的、社会的意味における謝罪（世間を騒がせたことへの謝罪等）および事実経緯(トラブル情報に記載された事実関係の真否)を記載することになる。

そのうえで、炎上している情報の内容が真実であった場合には、以下の点を記載する必要が生じるであろう。

① 事実関係を踏まえての真摯な反省の文言
② 批判、誹謗中傷に対する真摯な意見としての受け止め、決意
③ 再発防止策

一方で、炎上している情報の内容が真実ではなかった場合には、以下の点を記載する必要が生じるであろう。

① 事実に反する箇所の特定と実際の事実関係
② 虚偽の事実が SNS 上に記載された原因についての企業としての見解
③ 当該 SNS 上のトラブル情報を記載したことに対する刑事、民事の法的手続を含めた企業としての今後の対応方針

また、公式発表した場合には、その時点で問い合わせ等が多数企業に対してなされることが想定されるため、窓口を一本化しておく（公式発表において、問合せ窓口、連絡先も合わせて伝えておく）とともに、一貫した対応を行うことができるよう、想定問答を用意しておくことも必要である。

6 初期対応後の対応～対本人

(1) トラブル発生後の本人対応

これまでみてきたとおり、従業員は SNS の私的アカウントを作成し、自

由にSNSを楽しむことができるが、その私的アカウントを発端としてトラブルが発生した場合、使用者としては当該従業員に対し、何らかの対応をする必要がある。

まず考えられるものとしては、トラブル発生により企業秩序を侵害したことに対する従業員への注意・指導や懲戒処分の実施である。

次に、このトラブルにより使用者に具体的な損害が発生した場合には、その損害を従業員に賠償させることが考えられる。

さらに、従業員がトラブルの発端となったSNSを放置している場合には、このSNSの該当箇所（Facebookであれば投稿、Twitterであればツイートなど）を削除させることも必要である。

⑵　注意・指導および懲戒処分

㈠　注意・指導と懲戒処分

使用者が、従業員の私的アカウントによるSNSトラブルに対して、注意・指導や懲戒処分を実施する場合、いずれを実施するのかという点の検討が必要である（なお、懲戒処分の実施の可否については第2章Ⅰ 3⑶㈠⒝参照）。

まず、そもそも従業員の私的アカウントによるSNSトラブルは、いわゆる私生活上の行為であって、本来であれば必ず会社が注意・指導等を実施しなければならないものではない。私生活上のトラブルのわかりやすい例を挙げると、従業員間で金銭の貸借が行われていた場合に、金銭を借りた従業員の返済が滞ったとしても使用者が関与することではないということである。

しかし、使用者は従業員に対して雇用契約に基づく安全配慮義務（労働契約法5条）を負っており、当該安全配慮義務に基づき、他の従業員からもたらされる生命・身体等の危険についても、加害行為を防止するとともに、被害者の安全を確保して被害発生を防止し、職場における事故を防止すべき注意義務が使用者にはあると解される（横浜地裁川崎支判平成14年6月27日〔川崎市水道局（いじめ自殺）事件〕労働判例833号61頁）。また、使用者は、労働契約上の付随義務として信義則上、職場環境配慮義務、すなわち従業員にとって働きやすい職場環境を保つように配慮すべき義務を負っているとも考えられている（津地判平成９年11月５日〔三重セクシュアル・ハラスメント（厚生農協連合会）事件〕労働判例729号54頁)。

したがって、従業員の私的アカウントによるSNSトラブルであったとしても、使用者は従業員に対して、注意・指導等を実施し、使用者が負っている安全配慮義務や職場環境配慮義務に違反しないようにする必要がある。

たとえば、第２章Ｉ６事例①のようなＡ社従業員Ｙが同僚の従業員Ｘに好意をもちＸのFacebookアカウントに友達申請をしたが、Ｘに承認を拒否され、その後もＹがＸに繰り返し友達申請を行ったという事案であれば、Facebookの友達として承認するか否かは本来的には業務とは関係がないことであり、ＸとＹとの間の私的な問題にすぎないのである。しかし、ＸがＹの友達申請に困っているのであれば、使用者としてはまずＹに対してその旨を伝えて、Ｘに対する友達申請を止めるよう説得することから始めるべきである。

説得したにもかかわらず、ＹのＸに対する友達申請が継続した場合、ＸとＹの関係悪化により、Ｘの業務遂行が滞るおそれがある。また、Ｘが、Ｙのことが精神的な負担となった結果、精神的な病気に罹患する可能性もないとはいえない。

そういった場合には、使用者は、Ｙに対して、注意・指導や懲戒処分を検討することが必要となる（なお、SNSトラブルに対する懲戒処分の可否については、第２章Ｉ３⑶(イ)(B)や同５⑶(ウ)(B)を参照していただきたい)。

まず、注意・指導と懲戒処分の区別については、懲戒処分が従業員の企業秩序違反行為に対する制裁罰であることが明確な労働関係上の不利益措置[2]であるのに対して、注意・指導は懲戒処分に該当しないもの、と考えられている。すなわち、注意・指導については労働関係上の不利益措置ではないということになる。

2　菅野和夫『労働法〔第12版〕』700頁（弘文堂、2019年)。

なお、懲戒処分の種類としては、譴責・戒告、減給、出勤停止、降格、諭旨退職、懲戒解雇などが挙げられる[3]。

譴　　責：始末書を提出させて将来を戒めること
　始末書とは、自ら行った非違行為に対して、反省、謝罪を行うとともに、将来同様の非違行為を行わないことを誓約する文書をいうことが多い[4]。

戒　　告：将来を戒めること

減　　給：本来ならばその労働者が現実になした労務提供に対応して受けるべき賃金額から一定額を差し引くこと[5]

出勤停止：労働契約を存続させながら労働者の就労を一定期間禁止すること

降　　格：役職・職位・職能資格などを引き下げること

諭旨退職：退職願もしくは辞職願の提出を勧告して即時退職を求め、所定期間内に勧告に応じない場合は懲戒解雇に処すること

懲戒解雇：懲戒処分として解雇すること

上記のとおり、従業員に対する懲戒処分が実施された場合、譴責・戒告以外の減給等の懲戒処分については、従業員に対して実質的な不利益が生じる。また、譴責・戒告については、それ自体では実質的な不利益は生じないが、賞与等の考課の際に不利に評価されたり、譴責・戒告が積み重なることにより減給以上の懲戒処分が課せられたりすることがある。

したがって、使用者としては、従業員のSNSトラブルが懲戒処分として取り扱うべき事案か、それとも注意・指導にとどめるべき事案か、という点を検討することが必要である。

3　懲戒処分の種類とその内容については菅野・前掲〈注２〉703頁～707頁参照。

4　使用者は従業員に、顛末書を提出させることもあるが、この顛末書は非違行為に対して、事実関係や経緯を報告的に述べた書面であり、通常、当該書面には本人の反省や謝罪が含まれないことが多いという点で始末書とは異なる。

5　なお、減給については労働基準法91条に規定があり、「減給は、１回の額が平均賃金の１日分の半額を超え、総額が一賃金支払期における賃金の総額の10分の１を超えてはならない」とされている。

(イ) SNS トラブルに対する懲戒処分の可否

使用者としては、従業員がSNS を利用してトラブルを発生させた際、その行為が就業規則において定める懲戒規定に該当する場合には、必要に応じて従業員に懲戒処分を実施することが考えられる。

まず、従業員が業務として行ったSNS 利用行為によりトラブルを発生させた場合、原則として使用者が従業員に懲戒処分を実施することが可能である。

これに対して、従業員の私的なSNS アカウントを使用したトラブルの場合、使用者が従業員に対して懲戒処分を実施できるかというと、必ずしも懲戒処分を実施できるものでもない。

なぜなら、懲戒権の行使は企業秩序維持を根拠とするものであり、当該SNS トラブルにより企業秩序が侵害されていない場合には使用者は懲戒権を行使することができないからである。

しかし、従業員の私的なSNS アカウントを使用したトラブルであっても、その内容によっては、懲戒処分を実施することも可能となる。

なぜなら、労働者は、使用者と労働者との間で労働契約を締結することにより、使用者に対して労務提供義務を負うとともに企業秩序を遵守すべき義務も負うことになるからである。

そして、「使用者は、広く企業秩序を維持し、もって企業の円滑な運営を図るために、その雇用する労働者の企業秩序違反行為を理由として、当該労働者に対し、一種の制裁罰である懲戒を課することができるもの」（最判昭和58年 9 月 8 日〔関西電力事件〕労働判例1415号29頁）と考えられている。

また、「企業秩序は、通常、労働者の職場内又は職務遂行に関係のある行為を規制することにより維持しうるのであるが、職場外でされた職務遂行に関係のない労働者の行為であっても、企業の円滑な運営に支障を来すおそれがあるなど企業秩序に関係を有するものもあるのであるから、使用者は、企業秩序の維持確保のために、そのような行為をも規制の対象とし、これを理由として労働者に懲戒を課することも許され」ている（前掲最判昭和58年 9

月８日〔関西電力事件〕）のである。

従業員の私的アカウントのSNSトラブルは、上記に該当するため、使用者は従業員に対して、懲戒処分を実施することが可能と考えられている。

そして、職場外でされた職務遂行に関係のない労働者の行為、いわゆる「私生活上の行状」を理由として従業員に懲戒処分を実施する場合、その懲戒処分の可否に関しては、以下のような事情を考慮するものと考えられている。

「従業員の不名誉な行為が会社の体面を著しく汚したというためには、必ずしも具体的な業務阻害の結果や取引上の不利益の発生を必要とするものではないが、当該行為の性質、情状のほか、会社の事業の種類・態様・規模、会社の経済界に占める地位・職種等諸般の事情から総合的に判断して、右行為により会社の社会的評価に及ぼす悪影響が相当重大であると客観的に評価される場合でなければならない」（最判昭和49年３月15日〔日本鋼管事件〕労働判例198号23頁）。

さらに、SNSトラブルに関する懲戒処分の要否の検討要素としては以下のようなものが考えられる。

①　SNSトラブルが会社に与える影響

SNSトラブルの影響が社内にとどまるものであれば、その影響が取引先や一般人などの第三者に及ぶ場合よりも軽度な処分として、注意・指導にとどめるべき場合が多い。

②　SNSトラブルによる会社の実損害の有無

会社に実損害が生じていない場合も、実損害が生じた場合よりも軽度な処分として注意・指導にとどめるべき場合が多い。

また、SNSトラブルにより会社の信用が毀損されたり、営業秘密が侵害された場合には、実損害が生じた場合と同様に取り扱うべきと考えられる。

③　悪質性の有無

従業員が悪ふざけや故意によりSNSトラブルを発生させた場合には、注意・指導ではなく懲戒処分の実施が必要となることが多いと考えられる。

④　SNS の特殊性

従業員が会社の公式見解であると誤解を生じさせるような、または、勝手に公式見解であるかのような投稿をした場合には、純粋な個人の投稿の場合よりも、注意・指導より重い懲戒処分の実施が必要となることが多いと考えられる。

また、投稿後、不特定多数人に広まってしまった場合には、拡散せずに投稿を削除した場合よりも懲戒処分の実施が必要となることが多いと考えられる。

⑤　従業員の地位

SNS トラブルが上記①～④にあてはまらず軽微なものであったとしても、従業員の地位が高い場合には、注意・指導ではなく懲戒処分の実施を検討すべきである。たとえば、第２章Ⅰ６のように上司が部下に対して Facebook の友達申請をしたことによるトラブルの場合、事案によってはセクシュアルハラスメントの色彩を帯びることがある。

また、使用者が従業員に対して懲戒処分を行うためには、「あらかじめ就業規則において懲戒の種別及び事由を定めておくことを要する」（最判平成15年10月10日〔フジ興産事件〕労働判例861号５頁）ことから、使用者としては従業員の私的な SNS トラブルが就業規則のどの懲戒規定に該当するのかを判断することが重要である（なお、就業規則の規定の仕方については第３章１⑴を参照していただきたい）。

使用者としては、従業員の SNS トラブルの内容を調査した後、上記の多様な考慮要素を踏まえて、懲戒処分の要否や懲戒処分をする場合にはその処分の内容を決定することになる。

そして、懲戒処分を実施する場合にどのような処分を課すのか（処分内容の選択）については、懲戒権を行使する使用者の裁量に委ねられているところであるが、まったくの自由裁量ではないと考えられている。労働契約法15条に「使用者が労働者を懲戒することができる場合において、当該懲戒が、当該懲戒に係る労働者の行為の性質及び態様その他の事情に照らして、客観的に合理的な理由を欠き、社会通念上相当であると認められない場合は、その権利を濫用したものとして、当該懲戒は、無効とする」と規定されているとおり、使用者が懲戒権を濫用すると当該懲戒処分は無効となるため注意が必要である。

具体的に注意したい点として以下のものが挙げられる。

①　処分の適正

就業規則に懲戒事由とそれに対する懲戒処分の内容が規定されている場合、SNSトラブルが懲戒事由に該当すれば懲戒処分（たとえば、懲戒解雇）が有効になるか、というと必ずしもそうではない。なぜなら、懲戒処分に関する使用者の「裁量は、恣意にわたることをえず、当該行為との対比において甚だしく均衡を失する等社会通念に照らして合理性を欠くものであってはならない」(最判昭和49年2月28日〔国鉄中国支社事件〕労働判例196号24頁）からである。

そのため、使用者がSNSトラブルに対して懲戒処分を実施する場合には、上で述べた懲戒処分の考慮要素をもとにして、事案にあった懲戒処分の内容を決定することが必要である。

②　処分の均衡

SNSトラブルの事案とそれに対する就業規則上の懲戒処分の内容が合致していた場合であったとしても、これまでの処分事案との均衡を考慮する必要がある。

たとえば、同種のSNSトラブルについて、前回は譴責の懲戒処分をした場合、今回、合理的な理由なく降格の懲戒処分を課すことは、処分の均衡が考慮されていないとして、懲戒権の濫用に当たり懲戒処分が無効となる可能性がある。

(ウ)　注意・指導を行う場合

従業員のSNSトラブルについて、使用者が懲戒処分の必要はないと判断した場合や就業規則の懲戒事由に該当しない場合、使用者が注意・指導すら行わないと、トラブルの収拾がつかない事態に発展してしまうおそれがある。

使用者としては今後のSNSトラブルを防止するための注意喚起も目的として、従業員に対して、注意・指導を行うことが望ましい。

その際、トラブルを発生させた従業員には、「今後、同種のトラブルを発生させた場合には懲戒処分の対象となる可能性があること」を指摘することがポイントである。

なぜなら、SNSトラブルに対する注意・指導を行わなかった場合、従業員が「SNSトラブルを起こしても問題はない」と誤認し、同種のSNSトラブルを繰り返し発生させるおそれがあるからである。

そして、後日、懲戒処分を実施する場合に備えて、このような注意・指導を実施したことを明確化するために、使用者としては注意書・指導書を用いることが肝要である。

令和○年○月○日

○　○　○　○　殿

注　意　書

株式会社□□□□
総務部長　△　△　△　△　㊞

当社が□□社員から報告を受けているところによると、貴殿は、令和○年○月○日から○日にかけて、総務課の△△社員に対して、△△社員が拒否をしているにもかかわらず、SNSでコンタクトをとり続けている。貴殿がこのまま同種の行為を続けると、△△社員が体調不良になるなどのおそれがあり、ひいては当社の業務に支障が生じるおそれがある。

今後は、△△社員が拒否している場合にSNSでコンタクトを取ることは控えるよう注意する。

なお、今回は注意書に留めるが、今後、貴殿が同種の行為を行った場合には、当社就業規則に従って懲戒処分を実施することがあるので、そのようなことにならないように注意をして頂きたい。

以　上

(エ)　使用者のメリット

使用者が従業員の私的なSNSトラブルに対して、注意・指導や懲戒処分を積極的に行うメリットがあるだろうか。

この点については、従業員の私的な活動であったとしても、その行為が使用者の利益を害するのであれば、ある一定の限度を超えた場合には関与が必要と考えられる。たとえば、従業員間の私的なSNSトラブルを発端として、業務に支障が出るおそれや顧客への迷惑につながるおそれも考えられる。SNSトラブルの拡大化を防止するためにも、使用者としてはSNSトラブルの初期段階に注意・指導を行うことが大切である。

また、使用者が社内で対応可能な従業員の私的なSNSトラブル（たとえば、上司から部下に対するFacebookの友達申請のトラブル）と考えていたとしても、ハラスメントとして法的紛争に発展するおそれがある。このような事態に見舞われたときに、SNSトラブルの初期段階で使用者が注意・指導を行っていれば、使用者は一定の対応をとっていたと説明することが可能となる。

さらに、SNSトラブルに限られることではないが、問題行為が多い従業員を解雇する場合には、日頃から使用者が従業員の問題行為に対して、注意・指導や懲戒処分を行い、これにより従業員に改善の機会を与えたが、従業員が自身の問題行為を改善しなかった場合に解雇が認められることが多い。そのため、将来的に解雇の実施を見据えるのであれば、使用者としては、たとえそれが私的なSNSトラブルであったとしても、注意・指導を行い、また懲戒処分に値するようなトラブルであれば、従業員に対して、適切な時点で懲戒処分を実施すべきである。

(オ)　懲戒処分の例

それでは、実際に私的なSNSトラブルがどのような懲戒処分の規定に該当するのか、第3章1(1)に記載した就業規則の規定例をもとにして検討する。

①　Facebookの友達申請

第2章Ⅰ6事例①の従業員間のFacebookの友達申請の事案であれば、まず、友達申請をされた従業員が困惑し、業務に支障が生じている状態にあれば、懲戒処分を検討する必要があると考えられる。そして、友達申請した従業員の行為は、服務規律の規定（たとえば「社員は、互いに協力して業務に取り組み、職場の風紀や秩序を乱すような行為を行ってはならない」、「社員は、性的な行動又は言動により、他の労働者に不利益や不快感を与えたり、就業環境を害するようなことをしてはならない」）に違反する可能性がある。

また、同事例②の上司から部下に対する友達申請に関連した事案であれば、「社員は、職務上の地位や人間関係などの職場内の優位性を背景にした、業務の適正な範囲を超える言動により、他の労働者に精神的・身体的な苦痛を与えたり、就業環境を害するようなことをしてはならない」という規定に違反する可能性がある。

② 会社情報の漏えい

第 2 章Ｉ 2 のＸが自分の Twitter に投稿した写真が会社情報の漏えいに該当するという事案であれば、このＸの行為は、就業規則の規定「社員は、業務により得られた会社・取引先・顧客・同僚等の情報を厳重に管理し、私的に情報を使用し、又は第三者に漏えいしてはならない」に違反する可能性がある。また、該当する懲戒規定としては、「第○条に定める服務規律に関する事項に違反したとき」や「会社の秘密を漏らし、又は漏らそうとしたとき」というものが考えられる。

仮にＸが故意に会社情報を漏えいさせたという事案であれば、「故意に会社の業務を妨害し、又は妨害しようとしたとき」という懲戒規定に該当すると考えることも可能である。

③ 会社批判

第 2 章Ｉ 4 事例①の X_1 によるＡ社を詐欺師集団などと批判する Twitter の投稿の事案では、X_1 の行為は、服務規律の規定（「社員は、たとえ私的な行為であっても、会社の名誉を害し、信用を傷付けるようなことを行ってはならない」）に違反する可能性がある。

なお、使用者の名誉や信用を毀損するという点で類似の事案として、外資系企業の日本法人の従業員がマスメディアに対してした情報提供等を理由とする懲戒解雇の事件（東京地判平成24年10月26日判例時報2223号112頁）がある。

この事件は、従業員がマスメディアに対して、社長等がセクシュアルハラスメントをしているなどの情報を提供し、マスメディアがその内容を記事として報道したことから、会社が従業員に対して、「会社の信用、体面を傷つけるような行為があったとき」という懲戒規定を適用し、またその他の無断欠勤などの懲戒事由も合わせて、従業員を懲戒解雇したという事案である。

同事件では、従業員がマスメディアに提供した情報が虚偽であったこと、その内容は公益通報に該当しないことなどを理由に、裁判所は会社による懲戒解雇は有効と判断しているところである。

④　ステルスマーケティング

ステルスマーケティングとは、朝日新聞平成21年5月1日付朝刊等の定義によれば、「企業の従業員や対価を得て活動する第三者が、消費者等に広告宣伝と気づかれないように、中立的な一般消費者を装いながら商品やサービスに関する情報を発信する行為」をいうものとされている。

このステルスマーケティングはいわゆる「やらせ」に近いことから、広告宣伝の方法としては正当なものではないと考えられ、好ましくないものとされている。

そして、たとえば、従業員が自社の商品の売上げ増加を考えて、個人の判断でステルスマーケティング活動を行い、それが判明した場合、使用者としては自社の判断としてステルスマーケティングを行っていなかったとしても、会社の信用が傷つくおそれがあるため当該従業員を懲戒処分の対象とすることも検討すべきである。

そして、この事案においても、ステルスマーケティングにより使用者の信用が毀損されたと考えられることから、この従業員の行為は、服務規律の規定（たとえば「社員は、たとえ私的な行為であっても、会社の名誉を害し、信用を傷付けるようなことを行ってはならない」）に違反する可能性がある。

⑤　副　業

第２章Ⅲ（SNS と副業）の事例①～④のように、SNS によって収入、報酬を継続的に得ているケースがあり、いわゆる副業に該当する可能性は存在する。副業については、現在、国の施策上も導入促進の方向となっており、柔軟な対応で認められている企業も増えてきているところであるが、第３章１⑴㈦の就業規則の「服務規律」の記載例にもあるとおり、「社員は、会社の承認を得ずに、在職のまま他に就職し、又は自ら事業を営んではならない」などとして原則許可、承認制になっている企業もまだ多く、許可制でないところも届出制をとっていることが一般的である。さらに、当該服務規律違反に対しては、懲戒事由となっていることも一般的である。

もっとも、無許可（あるいは無届）による副業を行っていたとしても、就業時間以外の時間の利用については原則従業員の自由であり、会社が関与できないため、以下のような例外的な場合を除き、就業時間外における SNS を利用とした副業についても、直ちに禁止・制限できない。

ⓐ　労務提供上の支障がある場合

ⓑ　業務上の秘密が漏えいする場合

ⓒ　競業により自社の利益が害される場合

ⓓ　自社の名誉や信用を損なう行為や信頼関係を破壊する行為がある場合

そこで、無許可、無届の副業禁止違反として、懲戒処分を検討する場合には、上記ⓐ～ⓓのケースに該当して、職場秩序を乱すような行為が存在していたか否かを検討することが必要となり、会社に特段具体的な悪影響が生じていないようなケースにおいては、単なる無許可、無届の副業禁止違反として、懲戒処分を行うことは直ちには難しいところである（もちろん、形式的に手続を経ていないことに対し、注意指導を行うことは問題はないと考えるが、これは形式的な手続面での話となり、副業そのものの話からはずれるところである)。

一方で、たとえば、会社の実情暴露動画と称して、従業員が虚偽、誇張を交えつつおもしろおかしく会社の社内事情を紹介しているようなケースにおいて、虚偽の事実等によって不当に評価を貶め、それによって再生回数を伸ばし収益を上げているような場合には、懲戒処分の対象とすることは可能であろう。

SNSトラブルに関する懲戒処分については、使用者は上記のような懲戒規定を適用して、懲戒処分をすることが考えられる。また、SNSトラブルに合致する懲戒規定がなかったとしても、通常、懲戒規定には「その前各号に準ずる行為があったとき」という包括規定が設けられているので、このような懲戒規定を適用することも検討に値するところである。

⑶　損害賠償請求

従業員のSNSのトラブル例では、第2章Ｉ１事例①のように企業秘密に該当する画像をTwitterに投稿することによって企業情報が漏えいすることも考えられる。さらに、同事例②のように使用者が当該事業を他社と共同で行っていた場合には、自社だけではなく他社も巻き込んだ企業秘密の漏えい事案に発展するおそれがある。

このような場合、使用者としては企業秘密の漏えいによって生じた他社の損害を賠償することが必要になることもあり、結果として使用者は従業員の不用意なツイートにより実損害を被ることがある。

また、第2章Ｉ３事例①のようにコンビニエンスストアの従業員が自身のTwitterに飲食物を保管している店内の冷凍庫の中に入った写真を投稿した場合、また、同事例②のように牛丼チェーン店の従業員が自身のTwitterに「鍋にションベンしてきます」という内容の不適切な投稿をした場合、たとえその投稿が遊びであったり、虚偽のものであったりしたとしても、使用者はその投稿によるイメージの毀損を避けるためにその投稿を発端とする炎上対応を行わなければならないのである。具体的には、上記のトラブル例であれば、冷凍庫の清掃、不適切な投稿内容の真偽の確認、従業員に対する懲戒処分の実施、これらをまとめたプレスリリースの発表などの対応が必要となる。

さらに、使用者としては、実際にトラブルを発生させた従業員に対して、上記の対応にかかった費用について、損害賠償請求を検討することになる。そして、損害賠償請求の範囲については民法416条に規定がある。

> 民法416条（損害賠償の範囲）
>
> １項　債務の不履行に対する損害賠償の請求は、これによって通常生ずべき損害の賠償をさせることをその目的とする。
>
> ２項　特別の事情によって生じた損害であっても、当事者がその事情を予見すべきであったときは、債権者は、その賠償を請求することができる。

この民法416条の規定によれば、通常の損害については損害賠償請求をすることができるのが原則であり、特別の事情によって生じた損害については当事者の予見可能性が必要となる。

そして、通常の損害について考えられるものとしては、たとえば、第２章Ⅰ３事例①の飲食物を保管しているコンビニエンスストアの冷凍庫の中に入った写真をTwitterに投稿したという事案では、冷凍庫の清掃費や商品を廃棄した場合の商品代金などが該当すると考えられる。

また、第２章Ⅰ１事例②のような他社を巻き込んだ情報漏えいの事案で、使用者が他社に損害を賠償した場合には、使用者が従業員に対して賠償した一部を通常損害として請求することも十分に検討すべきである。

これに対して、従業員の私的なSNSトラブルの内容に使用者に対する名誉毀損や信用毀損が含まれていた場合、使用者としては従業員に対して、名誉毀損等に対する慰謝料請求をすることも考えられる。

この点については、前掲東京地判平成24年10月26日の当事者らが別訴訟（東京地判平成25年11月12日判例時報2216号81頁）で争っており、裁判所は、使用者が被った無形損害は、「少なくとも200万円を下らず」と判断し、解雇された元従業員に対して使用者に200万円（および弁護士費用10パーセント）を賠償することを命じている。

ただし、上記事案は元従業員が故意にマスメディアに情報をリークした事案であるが、従業員の私的なSNSトラブルが過失であった場合には、その行為態様が悪質ではないことを理由として、使用者による名誉毀損等に対する慰謝料請求が認められないことも十分に考えられるところである。

このほか、従業員の私的なSNSトラブルが悪質な事案であり、故意に使用者の秘密情報を流出させたという事案であれば、不正競争防止法に基づく差止請求や損害賠償請求も検討すべきである。

まず、不正競争防止法2条は、「この法律において『不正競争』とは、次に掲げるものをいう」と規定し、不正競争を定義している。SNSトラブルについては、同条4号の「窃取、詐取、強迫その他の不正の手段により営業秘密を取得する行為（以下『営業秘密不正取得行為』という。）又は営業秘密不正取得行為により取得した営業秘密を使用し、若しくは開示する行為（秘密を保持しつつ特定の者に示すことを含む。（中略））」に該当する可能性がある。

そして、SNSトラブルが不正競争に該当する場合、不正競争防止法3条1項「不正競争によって営業上の利益を侵害され、又は侵害されるおそれがある者は、その営業上の利益を侵害する者又は侵害するおそれがある者に対し、その侵害の停止又は予防を請求することができる」という規定を根拠として、使用者は侵害の停止や予防請求をすることが可能となる。また、同条2項「不正競争によって営業上の利益を侵害され、又は侵害されるおそれがある者は、前項の規定による請求をするに際し、侵害の行為を組成した物（侵害の行為により生じた物を含む。第5条第1項において同じ。）の廃棄、侵害の行為に供した設備の除去その他の侵害の停止又は予防に必要な行為を請求することができる」を根拠として、使用者はSNSの投稿の削除等も要求することが可能である。

さらに、不正競争防止法 4 条「故意又は過失により不正競争を行って他人の営業上の利益を侵害した者は、これによって生じた損害を賠償する責めに任ずる。ただし、第15条の規定により同条に規定する権利が消滅した後にその営業秘密又は限定提供データを使用する行為によって生じた損害については、この限りではない」という規定を根拠として、使用者は損害賠償請求をすることが可能である。

(4)　削除要請

従業員の SNS トラブルの元となる投稿が依然として当該 SNS に残っている場合、たとえば従業員が秘密情報を投稿してしまったような場合には、当該秘密情報が削除されるまでは第三者の目にさらされ続けることになり、結果として、使用者の利益が侵害され続けることになる。

そこで、使用者はすぐに従業員に対して、当該投稿を削除することを指示する必要があるが、従業員が投稿を削除せず放置した場合、使用者としては該当する SNS に対して、自ら削除要請をすることが必要となる。

YouTube などは著作権に関する申立てのウェブフォームがあり、投稿された動画が著作権侵害に当たる場合、比較的簡単に削除要請を行うことができるようになっている。

これに対して、名誉毀損や秘密情報に関する投稿については、まだまだ SNS 側で迅速に対応する制度を設けていないことが多いため、使用者は、本章 4 (3)のような法的手段を用いて、SNS に削除を実施させることを検討しなければならない。

従業員が悪意をもって SNS の私的アカウントに営業秘密や誹謗中傷を投稿する場合には、この従業員の行為には偽計業務妨害罪（刑法233条）や名誉毀損罪が成立する可能性がある。なお、第 2 章Ⅰ 3 事例①のコンビニエンスストアの店員が冷凍庫の中に入った写真を Twitter に投稿した事案では、威力業務妨害罪（刑法234条）が成立する可能性もあることから、警察に対する被害届の提出や加害者（従業員）に対する処罰を求める意思表示を含む告訴状を提出することも検討が必要である。

なお、告訴を受けた捜査機関は捜査をする義務を負うものと解されているところである（刑事訴訟法189条2項、242条など）。

◉コラム◉　企業のトラブル対応

本コラムでは一般的なトラブル対応をまとめたので、SNSトラブルに対応する際の参考としていただきたい。

1　トラブル事例

トラブル対応として迅速かつ適切な対応をしたものとして評価が高いのは、本書を手に取った方も一度は耳にしたことがあると思うが、株式会社壱番屋（以下、「壱番屋」という）が廃棄したビーフカツを産業廃棄物処理業者が不正転売していた事件が発覚した際の壱番屋の対応である。

ニュース報道によれば、平成28年1月11日に壱番屋のパート従業員が、廃棄したビーフカツがスーパーの店頭に並んでいるのを発見し、壱番屋に報告をしたところ、壱番屋は産業廃棄物処理業者に問い合わせ、不正転売を確認した、ということであった。

同月13日、壱番屋は、不正転売された品名、製造日、廃棄日時、廃棄量、産業廃棄物処理業者名、廃棄理由、発覚の経緯などをまとめたプレスリリースを発表。その後も同月15日には、不正転売を確認した他の商品に関するプレスリリースを発表した。

さらに、壱番屋は、同月19日に再発防止策をまとめたプレスリリースを出した。

このように壱番屋はトラブル発覚から二日でトラブルの概要を発表し、さらにわずか八日で再発防止策まで発表するという迅速な対応をみせた。これら一連の対応により、壱番屋は、「壱番屋は、迅速、かつ、適切な対応をする会社」、「壱番屋の商品は安心」と消費者に評価された。

2　トラブル対応の具体的な流れ

(1)　トラブルの通報窓口

まず、トラブルが発生した際に必要となるのは、通報窓口である。トラブルを認知した従業員が、どこに通報することになっているのか、を今一度確認していただきたい。会社の直属の上司、総務部、専用の担当者などが考えられる。

発生したトラブルに、社内の者がかかわっている（不正行為）場合、上司や総務部へ通報するとトラブルの拡大を恐れて担当者レベルで問題を処理したり、自分の不正行為の発覚や管理監督者責任の追及を恐れて、報告を受けた上司などが会社上層部へ報告することを控えることも可能性としては考えられる。このような場合、初期対応の遅れにより、後々、不正行為が大きな問題に発展するおそれがある。

昨今の企業の不正行為事件から明らかなように、不正行為を一度行うと、それを隠すために不正行為を継続しなければならない事態に陥ることが多いが、言うまでもなく不正行為は初期段階で処理をするのが望ましい。

そこで、最近はトラブル対応窓口として外部通報窓口を設ける会社も増えているところである。外部通報窓口としては、弁護士や専門機関に依頼することが一般的と思われる（実際、弊所は企業の外部通報窓口業務を受任している）。

⑵　調査チームの発足

次に、会社は、トラブルを認知した後、そのトラブルの内容を調査することが必要となる。項目では調査チームと記載したが、これは事案によってさまざまであり、トラブルが発生した部署の数名が調査をしたり、トラブルとは関係がない総務部が調査をしたり、いろいろな方法が存在する。

最近増えてきているのが外部の専門家を使った第三者調査委員会という手法である。この方法のメリットは、トラブルの内容が社内の不正問題の場合、従業員が調査をすると社内のしがらみにより調査が不十分となったり身内をかばったりするおそれがあるが、第三者が調査を行うことで、このような調査不足などを防止する点にある。

また、トラブルが世間の注目を集めている場合には、公平な立場である第三者が調査をし、その結果を公表することで、会社がそのトラブルに適切に対応していることを世間に公表することが可能となると考えられる。

なお、第三者調査委員会のメンバーとして、事実関係や金銭の流れに精通しており、公平な視点で事実関係を整理しやすい弁護士（特に元検事）や公認会計士などが選任されることが多い。

ただし、第三者調査委員会の方法にもデメリットは存在する。たとえば、専門家を数名集めて調査を行うことになると、それなりの時間と費用がかかるというものである。

したがって、第三者調査委員会を利用する場合は、一定の時間と費用をかけてでも、会社として当該トラブルに適切に対応する必要がある場合に限定されるのが実情と考えられる。

(3)　調査結果の発表

調査結果の発表方法は事案によってさまざまであるが、トラブルがニュースとして公になっている場合、トラブルの規模が大きく、株主などに伝える必要がある場合には、自社のホームページ上で調査結果を発表することが多い。

壱番屋の事件では、上記のとおり、トラブル発覚から二日でトラブルの概要を発表し、さらにわずか八日で再発防止策まで発表するという短期間で会社のトラブルに関する対応策を示している。

調査結果を発表すると、問い合わせも発生することから、発表前には問い合わせ対応の窓口の一本化や質問に対する回答案の作成など事前の準備を怠らないようにする必要がある。

3　まとめ

SNSの普及によりトラブルが発生しやすくなり、またその内容が伝播しやすくなったということは否めないところである。そして、このトラブル対応をすべて網羅するマニュアルをつくることは困難であることから、会社はトラブル発生時に迅速に対応できる部署を設けたり、あらかじめ人選をしておくことが肝要である。

7　初期対応後の全社員に対する対応

(1)　社員教育の実施

従業員によるSNSトラブルが発生した場合、使用者は、今後、同種のトラブルが発生するのを防ぐ必要がある。再発防止のためすべきこととしては、トラブルを発生させた従業員だけではなく、従業員全員に対して、SNS に関する教育を実施し、従業員の SNS に対する理解を深めたり、注意を喚起したりすることである。

SNS トラブルが発生した時点で社員教育を実施することで、従業員は「明日は我が身」であるという危機感をもって、使用者が実施する社員教育を受講することになり、研修の効果が高まると思われる。しかし、SNS トラブルの発生の危険性は従業員を雇用している企業であれば潜在的に有するリスクであることを考えると、社員教育の実施は SNS トラブルが発生した場合に限られるものではない。

実施する社員教育については画一的なものはないが、以下のような内容が考えられるところである。

①　SNS トラブルに関する内容

・発生した事案の抽象的な説明。また、その問題点と対応の説明

・ニュースになった他社事案、および、その対応の説明

②　SNS 全般に関する内容・SNS の特殊性に関する説明

・文字、画像、動画これらを同時に投稿することができ、不特定多数人への拡散が容易であること

・投稿の削除後もインターネット上の履歴が残る可能性があること

また、対象者によってその内容を変更することも考えられる。

たとえば、一般社員の場合には私的アカウントによる SNS トラブルの一般的な事例や SNS の特殊性を説明する必要がある。

次に、営業社員の場合には、一般社員に説明した内容に加えて、営業のツールとして SNS を使用する場合の注意点、他社批判やステルスマーケティングの回避などが追加される。

さらに、管理職の場合には、部下が SNS トラブルを発生した場合の対応方法、社内への迅速な報告、プレスリリースの発表の方法などを追加で説明することが考えられる。なお、会社の人員構成もさまざまであるが、比較的

管理職の年齢層が高い会社の場合には管理職に対する社員教育の内容として、SNS に関する基本的な説明を追加することが必要となる場合もある。なお、社員教育については第３章２でも詳しく述べているので参照されたい。

⑵　企業内ガイドラインの策定

SNS トラブルが発生した時点で SNS に関する企業内ガイドラインがない場合には、従業員の意識改革のためにも、企業内ガイドラインを構築することが急務である。

この企業内ガイドラインは、「企業内」という名目であっても、その目的は対外的に「当社は従業員に対して、SNS の使用に関する注意・指導を行っている。SNS トラブルが発生した場合には従業員個人の責任でもある」ということを黙示的に表明することにもある。

行政においても、内閣官房が、平成25年５月１日付で「政府機関におけるソーシャルメディアの利用に係る情報セキュリティ対策等について（注意喚起)」(後記コラム参照）を発表しているので、参照していただきたい。

⑶　懲戒処分の公表

また、SNS トラブルやこれに対する懲戒処分を実施したことを社員全体に公表し、これをもって、社員への注意喚起をすることも考えられる。

しかし、この方法については、被懲戒者の名誉・信用を傷つけるおそれがあることに注意が必要である。

上記に関して、使用者が懲戒処分を公表したことによる従業員の名誉毀損を理由とする損害賠償事件（東京地判平成19年４月27日〔X社事件〕労働経済判例速報1979号３頁）がある。この事案では、従業員が私的トラブルを発生させたことを理由に使用者が懲戒休職処分を実施した。そして、使用者はこの懲戒処分に関して、「担当業務において知り合った社外の人物と私的に連絡を取り合っていたが、2005年１月からこの人物とトラブルとなり、この人物らに多大な迷惑と不快感を与えた。私的な問題とはいえ、原告（筆者注：

従業員）の行動は被告（筆者注：使用者企業）社員としてふさわしくない行動と言わざるを得ず、被告の信用を著しく損ねる結果を招いた。この責任は極めて重大である」という懲戒処分の理由および懲戒処分の内容を記載した書面を社内掲示板に掲示したところ、当該従業員が使用者に対し、名誉毀損を理由に慰謝料を請求したというものである。この事案において、裁判所は、「懲戒処分は、不都合な行為があった場合にこれを戒め、再発なきを期すものであることを考えると、そのような処分が行われたことを広く社内に知らしめ、注意を喚起することは、著しく不相当な方法によるのでない限り何ら不当なものとはいえないと解される」と指摘したうえで、当該事案においても、掲示された書面が原告に交付された懲戒の通知書と同一のものであり、この書面の掲示期間が発令当日のみであったことを理由に、懲戒処分の公示方法として不相当なものとは認められない、と判断した。

この事案のように懲戒処分の公表は名誉毀損として争いが生じる可能性があることから、仮に注意喚起を目的とする場合においても、従業員の個人名を記載しない、従業員が特定されるような具体的な記載は避けるなどの配慮が必要である。

⑷　PC の管理

さらに、SNS トラブルの際に貸与 PC やスマートフォンが使用されたのであれば、使用者としては問題の解明や今後のトラブル発生の防止の見地から、貸与 PC などを管理したり調査したりすることも考えられる。

この点については、貸与物であることを理由として使用者が自由に管理・調査することが可能なように考えられるが、裁判例上は使用者が自由に貸与物を管理したり調査したりすることは許容されていない。

たとえば、従業員のメールの調査が問題となった裁判例（前掲東京地判平成13年12月 3 日〔Ｆ社Ｚ事業部（電子メール）事件〕）においては、「職務上従業員の電子メールの私的使用を監視するような責任ある立場にない者が監視した場合、あるいは、責任ある立場にある者でも、これを監視する職務上の合理的必要性がまったくないのにもっぱら個人的な好奇心等から監視した場合あるいは社内の管理部署その他の社内の第三者に対して監視の事実を秘匿したまま個人の恣意に基づく手段方法により監視した場合など、監視の目的、手段及びその態様等を総合考慮し、監視される側に生じた不利益とを比較衡量の上、社会通念上相当な範囲を逸脱した監視がなされた場合に限り、プライバシー権の侵害となる」との判断基準が示されている。

なお、使用者が貸与物に関する管理規程を定めることで、従業員が貸与物に対する調査の可能性があることを認識し、その結果、貸与PC等を用いたSNSトラブルの発生が抑止される効果もあるといえるだろう。

⑸　守秘義務の確認

使用者が従業員に対する社員教育を実施したり、企業内ガイドラインを策定したりして、従業員の意識改革に努めたとしても、一部の従業員は「自分には関係がないこと」と考えることもある。このような従業員がSNSを利用しないのであれば問題はないが、SNSを利用しているのであればSNSトラブルが発生する可能性がある。たとえばこのような従業員が新規事業の立ち上げ、新ゲームの開発などの企業秘密に直接かかわりある業務を担当しており、SNS上にこれら情報を軽い気持ちでアップロードするなどしてしまうと、この企業秘密の発表前の漏えいによる使用者の損害が重大になるおそれがある。

そこで、使用者としては、研修やガイドライン策定のほか、従業員に対して守秘義務の重要性を認識させるため、従業員から誓約書を取得するのも必要だろう。

さらに、上記のような企業秘密に該当しない個人情報であったとしても、当該情報がSNSにより開示されてしまうと、プライバシー侵害の問題が発生してしまうおそれがある。そして、個人情報を取り扱う可能性については、一般社員のみならず派遣社員やアルバイト従業員にもあることからすると、注意喚起を目的とした誓約書の取得について、広い範囲の社員を対象者することも検討したいところである。ただし、研修やガイドライン策定と同様、誓約書の取得が形式的なものとなってしまっては、注意喚起の目的を達成することはできないという点に注意が必要である。なお、秘密保持の観点のみならずSNSの利用全般に関する誓約書の例については、第3章2(3)を参照されたい。

令和○年○月○日

株式会社○○○○　御中

誓　約　書

住所　○○○○○○○

氏名（署名）　○　○　○　○

私は、業務に従事するに当たり、下記事項を遵守することを誓約いたします。

記

1　（秘密保持の誓約）

貴社の別紙に列挙する秘密情報（以下「秘密情報」という。）について、貴社の事前の明示の許可なく、いかなる方法をもってしても、第三者に開示、漏えい又は業務目的以外で使用しません。

2　（個人情報）

貴社の役職員（役員、従業員、派遣社員等を含む。）に関する個人情報（他の情報と組み合わせることにより個人を識別できる情報をいい、マイナンバー、健康情報、プライバシー情報を含む。以下「個人情報」という。）について、貴社の事前の明示の許可無く、業務目的以外で使用しません。

3　（SNS の利用について）

私は、SNS を業務上又は私的に利用する際、貴社の上記秘密情報及び個人情報に該当する内容を SNS により開示、流失等させることがないように約束いたします。

4　（外部持出禁止）

また、貴社の事前の明示の許可がない限り、秘密情報及び個人情報を不必要に記録し、写真撮影をしたり、外部に持ち出したりする（電子メール・FAX を含む。）ことがないように徹底いたします。また、秘密情報及び個人情報が記録された媒体について、貴社に無断で複製し、社外に持ち出し、あるいは送信することはいたしません。

5　（退職時の秘密情報の返還）

私は、貴社を退職することになった場合は、その時点で私が管理もしくは所持している貴社の機密情報及び個人情報並びにこれらの記録媒体の一切を退職時までにすべて私の上司に返還し、返還以後は私の手元には機密情報及び個人情報並びにこれらの記録媒体は一切残存していないことを誓います。

また、秘密情報及び個人情報について、貴社を退職した後においても、第三者に開示、漏えいせず、また一切使用しないことを約束いたします。

6　（損害賠償および刑事告訴）

私は、本誓約書に違反した場合には、貴社が私に対し、損害賠償請求、刑事告訴などの法的処分をとる場合もあることを十分に理解し、かつ、私は貴社が被った一切の損害を賠償することを約束します。

別紙

秘密情報

① 貴社の製品やサービス等に関する情報

② 貴社の営業・財務・人事等に関する情報

③ 貴社の取引先や顧客等に関する情報

④ 貴社の従業員や役員等に関する情報

⑤ 貴社が他社との契約や法律において秘密として保持することが義務付けられた情報、あるいは各種規定において秘密として保持することが要請される情報

⑥ 以上の外、上司から特に秘密として指定された情報

⑹　小　括

以上のとおり、SNSトラブルの契機を発端とする社員教育についてはさまざまな方法が考えられるが、どの方法をとればSNSトラブルの発生を防止できる、という正解はない。必要なことは、従業員が、SNSの私的アカ

ウントによって使用者を巻き込むトラブルが発生する可能性があることを理解したうえで、SNS を注意深く利用することである。

◉コラム◉　政府機関におけるソーシャルメディアの利用に係る情報セキュリティ対策等について（注意喚起）（平成25年 5 月 1 日）

事務連絡

平成25年 5 月 1 日

各府省庁情報セキュリティ担当課室長 殿

内閣官房情報セキュリティセンター

内閣参事官（政府機関総合対策促進担当）

政府機関におけるソーシャルメディアの利用に係る
情報セキュリティ対策等について（注意喚起）

近年、インターネット上の様々なソーシャルメディアサービス（以下、「ソーシャルメディア」という。）の普及に伴い、政府機関においても、情報発信等を目的に、こうしたサービスの利用が増えています。一方で、先般、米国の通信社の公式ツイッターアカウントが乗っ取られ、虚偽の情報が発信される事案が発生するなど、ソーシャルメディアを狙った攻撃も顕在化しています。

万一、政府機関のソーシャルメディアのアカウントが攻撃者に乗っ取られ、虚偽の情報が発信された場合、国民生活等に大きな影響を及ぼすことが懸念されます。

こうした状況を踏まえ、内閣官房情報セキュリティセンターでは、ソーシャルメディア利用におけるなりすましやアカウント乗っ取りの防止等のために留意すべき事項を取りまとめましたので、各府省庁におかれては、これらの事項に十分留意し、ソーシャルメディアを利用するようお願いします。

なお、本事務連絡は、平成23年 4 月 5 日付け「国、地方公共団体等公共機関における民間ソーシャルメディアを活用した情報発信についての指針」（内閣官房情報セキュリティセンター、内閣官房情報通信技術（IT）担当室、総務省、経済産業省連名）をベースに、情報セキュリティの確保の観点から、新たに留意すべき事項を追加したものです。

記

(1)　ソーシャルメディアの特性を踏まえた利用

①　ソーシャルメディアを情報公開の主たる手段として利用しない

ソーシャルメディアは、以下のような特性があることから、原則として、国民に広く公開すべき情報の主たる公開手段としては利用せず、二次的・補助的な情報公開の手段として利用してください。

・　情報の閲覧がそのソーシャルディアの利用者に限られる場合があります。

・　ソーシャルメディアを提供する民間事業者の都合で、サービスが一時的に中断又は廃止されたり、扱っている情報の取扱い方法が変更されたりする場合があります。

②　組織が管理するアカウントでの運用

ソーシャルメディアは、政府機関のような組織によるアカウントと、個人利用者のアカウントで同じ環境を利用することが多いため、情報発信が組織として行われていることを明確にする必要があります。また、後述する各種セキュリティ対策も、組織として対処する必要があります。このため、ソーシャルメディアの利用時は、組織が管理するアカウントで運用し、職員個人が私的に取得したアカウントは、組織としての情報発信には利用しないでください。

③　意図しないコミュニケーションが発生することを前提とした利用

ソーシャルメディアは、利用者間の相互コミュニケーションを促進するために、利用者の意見を表明しやすい環境となっています。このため、政府機関に対して、批判、苦情又は誹謗中傷が殺到してしまう、いわゆる「炎上」が発生したりする場合があります。

(2)　なりすましの防止

①　アカウントの運用組織の明示

政府機関からの情報発信であるかを明らかにするために、アカウント名やアカウント設定の自由記述欄等を利用し、公的機関が運用していることを国民に明示することが必要です。

②　自己管理ウェブサイトとの相互リンク

政府機関からの情報発信であるかを明らかにするために、政府機関が自身で管理しているウェブサイト（.go.jp ドメインが望ましい。以下、「自己管理ウェブサイト」という。）内において、利用するソーシャルメディアのサービス名と、そのサービスにおけるアカウント名又は当該アカウントページへのハイパーリンクを明記するページを設けるようにしてください。また、運用しているソーシャルメディアのアカウント設定の自由記述欄において、当該アカウントの運用を行っている旨の表示をしている自己管理ウェブサイト上のページの URL を記載してください。

③　認証アカウント（公式アカウント）の利用

ソーシャルメディアの提供事業者が、アカウント管理者を確認しそれを表示等する、いわゆる「認証アカウント（公式アカウント）」と呼ばれるアカウントの発行を行っている場合には、政府機関が利用するアカウントと、なりすまされたアカウントを区別する参考となるため、可能な限りこれを取得してください。

⑶　アカウント乗っ取りの防止

第三者が何らかの方法で不正にログインを行い、偽の情報を発信する等の不正行為を行う、いわゆる「アカウント乗っ取り」を防止するために、ソーシャルメディアのログインパスワードや認証方法については次のような適切な管理を行ってください。

①　パスワードの適切な管理

以下に例示するような、パスワードの適切な管理を行ってください。

・　ログインパスワードは十分な長さと複雑さを持たせる
・　パスワードを知る担当者を限定する
・　パスワードの使い回しはしない

②　アカウント認証の強化策の利用

二段階認証やワンタイムパスワード等、アカウント認証の強化策が提供されている場合は、可能な限り、利用してください。

③　ログインに利用する端末の紛失・盗難の防止

ソーシャルメディアへのログインに利用する端末を紛失したり盗難されたりした場合に、その端末を悪用されてアカウントを乗っ取られる可能性があるため、当該端末の管理は厳重に行ってください。

④　使用する端末のセキュリティ確保

ソーシャルメディアへのログインに利用する端末が不正アクセスされると、その端末が不正に遠隔操作されたり、端末に保存されたパスワードが窃取されたりする可能性があります。これらを防止するため、少なくとも端末には最新のセキュリティパッチの適用やアンチウイルスソフトウェアを導入するなど、適切なセキュリティ対策を実施してください。

⑷　なりすましや不正アクセスを確認した場合の対処

①　なりすましが発生していることを発見した場合

自己管理ウェブサイトに、なりすましアカウントが存在することや当該ソーシャルメディアを利用していない等の周知を行い、また、信用できる機関やメディアを通じて注意喚起を行ってください。

②　アカウント乗っ取りを確認した場合

アカウント乗っ取りを確認した場合には、被害を最小限にするため、ログインパスワードの変更やアカウントの停止を速やかに実施し、自己管理ウェブサイト等で周知を行うとともに、自組織のCSIRTやNISCに報告するなど、適切な対処を行ってください。

⑸　発信又は公開する情報に関する留意事項

①　要機密情報の発信の禁止

要機密情報（機密性2以上に相当する情報）は発信しないでください。

②　URL短縮サービスは使用しない

URL短縮サービスにより短縮したURLは、リンク先の本来のドメイン名が表示されず、利用者がドメイン名を判断材料にしてリンク先の安全性を確認することができなくなるため、URL短縮サービスは、原則使用しないでください。

③　リンク先の内容への留意

政府機関のアカウントにおいて、第三者アカウントの投稿の引用や、第三者が管理又は運用するページへのリンクを掲載することは、当該の投稿やページの内容を信頼性のあるものとして認めていると受け取られることや、リンク掲載後に当該の投稿やページの内容が変更される可能性があることを考慮した上で、慎重に行うようにしてください。

④　発信する情報の再確認

一旦発信した情報は、ソーシャルメディアを通じて瞬時に拡散してしまいますので、完全に削除することは不可能です。このため、当該情報が機密情報の漏えい等に繋がる可能性がないか等、情報発信する前にその影響を十分に再確認してください。

(6)　情報発信を円滑に行うための利用者への配慮

①　アカウント運用ポリシーの策定と明示

・　アカウント運用ポリシー（ソーシャルメディアポリシー）として策定してください。その際、以下の参考資料や他の公共機関・民間企業が公表しているものを参考にしてください。

・　ソーシャルメディアのアカウント設定における自由記述欄、又は、ソーシャルメディアアカウントの運用を行っている旨の表示をしている自己管理ウェブサイト上のページに、アカウント運用ポリシーを掲載してください。（自組織内にも周知しておくことが望ましい。）

・　特に、専ら情報発信用途に用いる場合には、その旨をアカウント運用ポリシーに明示してください。

（参考資料）

・法人における SNS 利用に伴うリスクと対策（JPCERT コーディネーションセンター）
http://www.jpcert.or.jp/research/sns2012.html

・SNS の安全な歩き方（日本ネットワークセキュリティ協会）
http://www.jnsa.org/result/2012/sns.html

以 上

◉コラム◉　SNS のメリット・デメリット

本書は SNS トラブルが発生した場合の対応などを取り上げており、SNS のデメリットがクローズアップされているが、SNS の伝播性を有効活用することができれば企業はメリットを享受することができる。

たとえば、新商品のイベントとSNSを組み合わせて実施することで消費者参加型のイベントとなり、消費者によるSNS上での情報発信力により企業の予想を超える新商品の宣伝を行うことも可能となる。ほかにも、企業の接客や商品が良かったことを消費者がSNSを使って何気なく投稿し、それが第三者に拡散されることで、結果として企業が関与することなく自社のイメージアップが行われるということも考えられる。

SNSによる影響力は、私達の想像を超えた状況で発生することがあり、その事象すべてを企業が把握することは困難である。しかし、現在SNSは無視できないものになっている以上、企業としてはSNSのメリットを最大限に享受し、SNSによるデメリットが露見した場合にそのデメリットを最小化するために、できうる限りの対策を事前にしっかり行うことが肝要である。

第５章

ケースで学ぶ 対応の実際

1　ケース１――顧客情報漏えい事件の発生（第２章Ⅰ２参照）

(1)　事件の内容

引越業を営むＴＯ引越センターにアルバイトスタッフとして勤務しているＸは、３月31日、依頼者宅に向かったところ、依頼者が人気有名芸能人Ｍ子であることを知った。そこで、Ｘは、自分のスマートフォンから、Twitter上に、部屋にいたＭ子を隠し撮りした写真をアップするとともに、「今Ｍ子の家で引越作業しています！」、「これから△△ヒルズに荷物を運ぶところです！」などと書き込んだところ、その写真および書き込みがたちまちネット上で拡散されて問題視されるようになり、ＴＯ引越センターが何らかの対応をしなければならない状況になった。

(2)　初期対応

〈４月１日㈮〉

翌４月１日、電子掲示板やTwitterなど、インターネット上ではＴＯ引越センターからＭ子の情報が漏れたとの情報が拡散していた。

また、ＴＯ引越センターのお客様相談ダイヤルに朝から問い合わせの電話や抗議の電話が殺到していた。

さらに、Ｍ子の所属芸能事務所からＴＯ引越センターに対しても状況の説明の要求と抗議の電話があった。

ＴＯ引越センターでは、問い合わせの電話に対して事実関係を確認中と回答し、事実確認中である旨のプレスリリースを行って差し当たりの対応としたが、事実関係の調査が急務となった。

ポイント

◆ 初期対応として、中途半端な回答をし、後からより悪い材料が出てくることは避けたい。早期に事実確認を行い、その結果に基づき対応をすることが肝要である。

⑶　調　査

〈4月1日㈮〉

まず、TO引越センター人事部では、投稿者を特定しようとしていた。A人事マネージャーは、同部のB社員に、M子の引越しを担当した作業員の特定をするよう指示した。B社員は社内記録から、M子の引越しを担当した作業員がXYZの3名であることを確認した。

そこで、B社員はXYZと個別に面談をして、ヒアリングを行った。ところが、XYZは全員Twitterへの投稿を否認した。

また、B社員がXYZそれぞれにスマートフォンを提出、開示してもらいたいと依頼したところ、Z社員はこれに応じ、B社員はZ社員から任意にインターネットの履歴やTwitterのアカウントの開示を受け、Z社員は投稿を行っていないことを確認した。これに対し、XYはプライベートについて会社に知られたくないことを理由に、提出・開示を拒否した。

ポイント

◆否認等されると、それ以上の追及ができなくなってしまうので、SNS上の問題を発生させた疑いのある当人と話をする場合には、それまでにできるだけの資料を集めておき、整理することが適切である。こうした資料は、当人と話をする際の材料（当人の発言の裏づけ、本人が否定した場合の弾劾資料など）となる。

Ｂ社員は、任意の調査が進展しなくなったので、顧問弁護士であるＣ弁護士に電話をして現在の状況を説明したうえで、強制的に調査できないかを聞いた。

Ｂ社員：先生、ＸＹがスマートフォンの提出、開示に応じてくれないのですが、強制的にこれを提出させたり調査したりすることはできないでしょうか。一応、役に立つ規定がないかと思い、当社の就業規則をみてみたところ、携帯電話のモニタリングに関する規定はありませんでした。

Ｃ弁護士：個人所有の携帯電話の提出や開示は、本人の同意がない限り強制できません。ＸＹが他の社員に何か話しているかもしれませんし、他の社員にも聞いてみてはどうでしょう。

そこで、Ｂ社員はＸＹの上長であるＤ課長に、他の社員にＸＹがTwitterをやっているか聞いてもらえないか依頼した。しかし、Ｄ課長が他の社員に聞いてみたものの、誰も知らないとのことであった。

結局４月１日には、投稿者の特定ができなかった。

〈４月２日㈯〉

電子掲示板の５ちゃんねるでは、投稿者の個人情報を特定しようとする動きが始まっていた。当該Twitterアカウントの過去の投稿履歴や、Ｘ社員のFacebookやmixiでの所属や自己紹介などの情報を組み合わせて、Ｘ社員が投稿者であることや、Ｘの出身大学などの情報をまとめた書き込みが発生した。

Ｂ社員は、Ｘ社員かＹ社員が投稿をしたのではないかと思い、両名のFacebookやmixiのアカウントを探していた。そして、「５ちゃんねる」や「NAVERまとめ」といった電子掲示板のまとめサイトに転記されていた、ＸのFacebookやmixiの画面を取り込んだ画像を発見した。

ちょうどそのころ、Ｘ社員も、これらの書き込みを見つけ、会社に確認される前に自身のTwitterの投稿を削除し、Facebookやmixiの公開範囲を「非公開」や「友人まで公開」などに設定し、第三者が投稿などを見ることができないように設定した。

〈4月4日(月)〉

Ａ人事マネージャーとＢ社員は、再度Ｘに対するヒアリングを行った。

Ｘ社員：だから何度も言うように私は投稿なんてしていません。

Ａ人事マネージャー：電子掲示板の「5ちゃんねる」によると、@xxx2395というTwitterアカウントに問題の写真が投稿され、すでにＸさんのFacebookの情報と組み合わせて投稿者はＸさんと特定されているようです。まず、Ｘさんの名前のFacebookのアカウントは、現在では非公開設定になっていますが、一昨日私が見て、タイムラインをプリントアウトしたんです。このFacebookアカウントには、Ｘさんの個人名と、所属としてＴＯ引越センター、出身大学もあなたと同じものが記されていますし、社員旅行の写真もアップされています。これはあなたのFacebookアカウントですね。

Ｘ社員：……。

Ａ人事マネージャー：また、@xxx2395というTwitterのサムネイル画像は、ＸさんのFacebookのサムネイル画像と同じですし、いずれのアカウントもプロ野球チームの□□に関する投稿が多く、同一のユーザーのものと推測できます。問題の@xxx2395というTwitterアカウントもあなたのものですね。

Ｘ社員：……すみません、私が投稿しました。

Ｂ社員：スマートフォンを提出してください。

Ｘ社員：それはできません。

Ａ人事マネージャー：これまでに他にも同様の写真撮影や投稿をしていませんか。

Ｘ社員：していません。

A人事マネージャー：今回の投稿に関する経緯をまとめた報告書を作成して提出すること。また、会社であなたの処分を検討するので、処分が決まるまで自宅待機とします。その間の給与は100％支給します。また、M子様にお詫びに伺う際にはXさんも同行すること。
X社員：わかりました。

ポイント

◆ 投稿を削除されたり、公開範囲を制限され、証拠が失われる危険があるので、問題の投稿や関連する情報を見つけたら、直ちにプリントアウトする等して証拠保存しておくことが肝要である。

⑷ 対　応

〈４月５日㈫〉

ＴＯ引越センターは、事実関係がわかったので、自社の従業員がTwitterで情報を漏えいしたことを認め、関係者に対する謝罪、再発防止策の検討、投稿を行った者に対して厳格な措置をとることなどを内容とするプレスリリースを行った。

また、M子が所属する芸能事務所に対しても、ＴＯ引越センターのＴ社長がXと謝罪に出向き、社長からXがTwitterで情報を漏えいしたことを報告し、社長とX社員が謝罪をし、迷惑料として100万の支払いをした。

〈４月６日㈬〉

ＴＯ引越センターでは、Xの処分の検討を開始した。

同社では、社長をはじめとして、Twitterで顧客情報を漏えいするような社員を雇用し続けていると自社の信用にかかわるので、Xを懲戒解雇したいと考える者が多くなっていた。

とはいえ、A人事マネージャーは、以前C弁護士が「懲戒解雇は労働法の死刑判決ですよ」と言っていたことを思い出し、慎重に対応するため、C弁護士に相談することにした。

A人事マネージャー：……というわけで、懲戒解雇にすることを考えているのですが、いかがでしょうか。

C弁護士：Xはどのような雇用形態なのですか。正社員ですか。

A人事マネージャー：アルバイトです。

C弁護士：アルバイトということは有期雇用ですね。有期雇用の社員を契約期間の途中で解雇することについて、労働契約法17条1項や民法628条は、「やむを得ない事由」が必要と定めており、慎重に判断する必要があるでしょう。Xの勤続年数や、日頃の働きぶりはどのような状況でしょうか。

A人事マネージャー：Xはこれまで当社で3年働いており、今まではまじめに勤務していましたし、特に問題を起こしたことはありません。

C弁護士：また、このような非違行為に対する御社のスタンスもポイントになります。御社では過去に類似のトラブルをご相談いただいたことはありませんが、たとえばSNSに関するガイドラインを定めたり、SNSに関する研修や注意喚起を行ったりしてきましたか。

A人事マネージャー：当社には、SNSに関するガイドラインはありませんし、SNSについて研修や注意喚起を行ったこともありません。

C弁護士：そうすると、懲戒解雇とした場合、その有効性を争われると無効となるリスクが否定できません。懲戒処分としては出勤停止7日程度とし、次回の契約は更新しないといった対応が考えられます。

A人事マネージャー：では、当社が迷惑料として支払った100万円の損害を被ったとして、Xに対して100万円の損害賠償請求をすることはできないでしょうか。

C弁護士：迷惑料100万円はお詫びの意味合いも込めた金額ですが、労働者に対する損害賠償請求を制限する裁判例が少なくなく、仮に訴訟になった場合に100万円の損害賠償が認められるとは限りません。
Ａ人事マネージャー：わかりました。

〈４月７日㈭〉

Ａ人事マネージャーは、再度Ｘ社員と面談を行った。

Ａ人事マネージャー：あなたに対する処分を検討しました。当社としては、あなたが３月31日にお客様であるＭ子様の個人情報をTwitterに投稿したことが、当社アルバイト就業規則の懲戒事由である「会社の信用を毀損したこと」、「お客様の個人情報を開示、漏えいしたこと」、「機密情報を開示、漏えいしたこと」に該当すると判断し、出勤停止７日の懲戒処分とします。何か言い分はありますか。
Ｘ社員：ありません。
Ａ人事マネージャー：では、本日４月７日㈭から４月14日㈭まで、休日である４月10日㈰を除いて７日間の出勤停止の懲戒処分とします。その間の給与は支給されません。また、あなたの個人名は出しませんが、事案の概要と処分の程度は、注意喚起をするため、社内でも公表します。
　さらに、あなたの契約期間は６月30日までですが、７月１日からの雇用契約の更新はしない予定です。
　ただ、このようなことになってしまい、インターネット上でも当社社内でも、あなたのことが話題になってしまっていて、出勤停止の懲戒処分明けに出勤したり、現場でお客様相手に引越作業に従事したりした際に、集中して仕事に打ち込みにくいかもしれません。いったん退職されてはいかがでしょうか。
Ｘ社員：わかりました。今までお世話になりました。

ポイント

◆ 懲戒処分にあたっては、弁明の聴取（本人の言い分を聴く）機会を設けることが必要である。

◆ 懲戒処分の概要を社内で公表することはできるが、氏名まで公表すると、被公表者から会社に対して人格権を侵害する不法行為を理由に損害賠償請求が為されるおそれがあるので、公表内容は慎重に検討する必要がある。

(5)　社内整備

〈５月10日(火)〉

世間ではＴＯ引越センターのことが話題にならなくなっていた。

Ａ人事マネージャーは、今回のようなトラブルが再度起こらないよう、顧問弁護士であるＣ弁護士に再発防止策について相談した。

Ｃ弁護士からは、SNS ガイドラインを作成することや、社内研修を実施することの提案があった。

(ア)　就業規則の整備やガイドライン・ポリシーの作成

まず、Ｃ弁護士より、会社が従業員に対し、SNS を私的に利用する際に注意してほしいことなどについて、会社の考え方をまとめた「ソーシャルメディアガイドライン」を作成することの提案があったので、Ｂ社員が素案を作成し、Ｃ弁護士のチェックを受け、ＴＯ引越センターでは、以下のようなソーシャルメディアガイドラインを制定した。

１　はじめに

このガイドラインは、当社従業員の方々がプライベートで SNS を利用するに際し、注意して頂きたい事項をまとめたものです。

プライベートでの SNS の利用は、従業員の自由ですが、近時、

SNS を通じた情報漏えいなどが社会問題になっており、万一そのような事態が生じた場合は、当社にとっても、そのような事態を生じた従業員にも、重大な損害が生じることが考えられます。

そのような事態を生じさせないためにも、SNS を利用する従業員の方々は、このガイドラインを熟読しておいてください。

2　SNS の定義

SNS（ソーシャル・ネットワーキング・サービス）とは、利用者が情報を発信し、形成していくネットワークサービスを言います。

例えば、Facebook、Twitter、Instagram、LINE などは、全てこのガイドラインの対象となる「SNS」です。

3　SNS の特徴

・SNS では、簡単に情報発信をすることができますが、あなたがした投稿は、友達だけではなく、全世界の人が見ることができます。

・友達以外に投稿を公開しない設定をしていた場合でも、その友達を通じて投稿が外部に流出する可能性があります。

・一度投稿した内容が拡散すると、完全に削除することはできず、ずっとインターネット上に残り続けます。

・匿名での投稿でも、他の投稿やその他のインターネット上の情報と組み合わせて、あなた個人を特定される可能性があります。

・SNS は、人と人とが繋がるものですので、現実と同様の人間関係のトラブルが SNS 上でも生じることがあります。

4　SNS を利用する際の注意点

・SNS は人と人とのやり取りのツールであるということを理解して、他人が読んで不快になるような投稿はしないようにしてください。

例えば、同僚や顧客に対する中傷や、差別的な発言は避けてください。

・また、政治・宗教・社会問題など、人によって考え方が違う内容を投稿した場合、いわゆる「炎上」のような事態になるおそれがありますので、慎重に投稿するようにしてください。

・社外秘の情報や、顧客・取引先の個人情報などは投稿しないようにしてください。また、同僚との飲み会等の写真であっても、勝手に投稿されると不快に思う人がいるかもしれないことを念頭において、事前に許諾を得るなど配慮してください。

・著作権等の他人の権利を侵害する投稿はしないようにしてください。

　例えば、本や雑誌を撮影した画像や、他のウェブサイトに掲載されている画像をコピーしてそのままSNSに転載することは、著作権違反にあたります。SNSで他のウェブサイトを紹介したいのであれば、リンクを貼るようにして下さい。

・SNSで他人と交流する際、相手があなたと交流することを望んでいるのか考えてください。相手があなたと交流することを望まないとしても、それは相手の自由です。

・SNSのIDやパスワードは気をつけて管理し、他人に教えたりしないようにしてください。また、SNSの公開範囲の設定を確認し、意図しない範囲に投稿を公開しないように注意してください。

・会社のPCや携帯電話からは、個人のSNSにアクセスしないようにしてください。また、勤務時間中は、業務に専念し、個人のSNSにアクセスしないようにしてください。

・SNSからアプリケーションをインストールする際は、ウィルスやスパイウェアでないか注意してください。また、アプリケーションの中には、位置情報を自動的に発信する機能があるものがあります。自分がどこにいるか、というプライバシーを発信することになりますので、注意してください。

5　違反

本ガイドラインに反して、会社や顧客の秘密を漏えいしたり、会社の信用を傷付けたりするなど、就業規則に違反する行為を行った場合は、懲戒処分等の対象になることがあります。

(イ) 社内講習会

また、C弁護士から、社内で研修を行い、意識づけを行うことが重要であるとのアドバイスがあり、TO引越センターでは、年1回、情報管理やSNSの取扱いに関する講習会を行うことにした。また、C弁護士からのアドバイスに沿って、講習会の内容は誰にでも理解できるような易しい内容にし、講習会の終わりにSNSに関する誓約書を提出させることにした。

(ウ) モニタリングやPCの管理

さらに、A人事マネージャーはC弁護士と協議し、個人所有の携帯電話の開示は求められないにしても、万が一のときに社用PCの調査を行えるよう、就業規則に以下のモニタリング規定を導入することにした。C弁護士からは、就業規則に規定がないだけで、モニタリングをすることが難しくなってしまうので、ぜひ規定を設けましょう、との強い推薦があった。

> 第○条（貸与電子機器の管理）
> 1　社員は、会社から貸与された電子機器に、会社の許諾なく、情報媒体等を接続し、又はソフトウェアをインストールしてはならない。
> 2　会社は、必要と認める場合には、従業員に貸与した電子機器内に蓄積されたデータ等を閲覧・監視することができる。

また、TO引越センターでは、私用携帯電話等の職場内や現場への持ち込みを禁止するとともに、就業時間中は私用携帯電話等を使用させないことにした。

> 第○条（私物電子機器の持ち込み）
> 社員は、会社が指定する職場に、会社の許諾なく、社員が私的に所有する携帯電話、スマートフォン等の電子機器を持ち込み、又は使用してはならない。

2　ケース2――会社の機密情報漏えいの発生（特定不能）（第2章Ⅰ1参照）

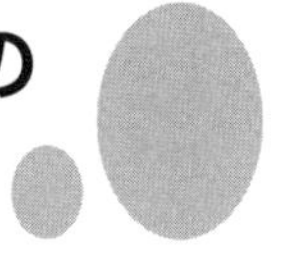

(1)　事件の内容

ＴＯ引越センターの従業員Ｙは、Instagramの「nama_cat」というアカウントで、飼い猫の写真を定期的にアップロードしており、多数のフォロワーを獲得していた。

Ｙ社員は、いつものようにＹ社員個人のスマートフォンで、猫の写真をアップロードしようとしたところ、誤って12月２日(金)に同社内で行われた忘年会の写真をアップロードしてしまったが、Ｙ社員はしばらくそのことに気が付かなかった。ところが、その写真には、同社の取引候補先（Ｐ社を含む）の情報が記載されている内部資料が写り込んでいた。その結果、当該写真のアップロードに関し、有名猫アカウントのミスとして、いくつかのまとめサイトに写真が転記されることとなった。幸運にもこのミスに関してそれほどインターネット上で騒ぎが大きくなることはなく、この件に関し、問い合わせ等の連絡も特になかった。

一方、本件について、たまたまＰ社内に、ＹのInstagramをフォローしていた社員がいたことから（なお、「nama_cat」がＹであることは社員の誰も知らない）、当該資料が写り込んだ写真がこのInstagramを介してネット上に出回ったことをＰ社が知ることになった。

(2)　事実経緯と対応

〈12月８日(木)〉

(ア)　対応の打合せ

Ｙ社員のInstagramをフォローしていた社員のＮから、内部通報窓口宛にＹ社員のInstagram上に、当社内で行われた忘年会の写真がアップされ、その中に重要な取引先の情報が記載された内部資料が映り込んでいるので、なんとかしたほうがよいのではないかという連絡が入った。

そこで、本事案の対応について、A人事マネージャーとB社員が担当することとなった。

A人事マネージャー：まずは、Nから通報を受けた内容を確かめてみよう。

＊A人事マネージャーとB社員とで「nama_cat」のInstagramを見たところ、確かに、当社の忘年会の写真が掲載されていた。

B社員：確かに、この写真は当社会議室で行われた忘年会のときの写真ですね。写真を見ると机の上に取引候補先の情報資料がありますね。忘年会前にやっていた会議資料が置きっぱなしになっていたんですかね。ただ、この忘年会は社員のほとんどが参加していたから、誰が撮った写真かわかりませんね。このnama_catのアカウントは、誰なんでしょうか。

A人事マネージャー：とりあえず、Nに心当たりを聞いてみるか。さて、この件については、今後どう対応していけばいいと思う？

B社員：そうですね。このままこの写真がInstagram上にアップされたままになると、ネット上に広まる可能性があるので、早急にInstagram上の写真を消す方法を考える必要がありますね。

A人事マネージャー：他には？

B社員：この写真をInstagramにアップした人は当社の社員でしょうから、注意なり処分なりを考えないといけませんね。

A人事マネージャー：そうだね。いずれにしても、誰がこの写真をアップしたかわからないと始まらないから、それを調査しよう。あとこのInstagramの頁は証拠として保存しておくことは忘れないように。加えてこの写真が他のサイトに広まっていないかどうかも確認してもらえるかな。

B社員：わかりました。調べてみます。

こうしてA人事マネージャーとB社員は、Instagram上の写真をアップした社員の特定をするとともに、写真情報の拡散状況を調べることとなった。

(イ)　調査その1～Instagramおよびインターネット上の写真の拡散状況の確認

まず、B社員は、Instagramの内容から社員が特定できないかを調査することとした。しかし、Instagram上は、猫の写真ばかりであり、個人を特定できる情報は何も記載されていなかった。

また、B社員は、インターネット上に当該写真がどの程度拡散されているかを調査すべく、写真をインターネット上で検索し、二つのまとめサイトにアップされていることを突き止めた。なお、二つのまとめサイト上からも「nama_cat」のアカウントが社員の誰であるかを特定することはできなかった。

ポイント

- SNS上の問題が発覚したら、迅速に対応を開始する。放っておくと問題が大きくなる可能性がある。
- SNS上の問題は、当該ウェブページを確認し、証拠保存を行うことが必要不可欠である。

〈12月9日㈮〉

(ウ)　インターネット上の検索を受けての今後の対応

B社員は前日に調査した内容をA人事マネージャーに伝え、今後の対応について相談することとした。

B社員：まずInstagramを調べてみましたが、本人を特定するような記載は見当たりませんでした。また、当該写真の拡散状況ですが、現時点で私が検索した限りでは、二つのまとめサイトに該当写真が掲載されているのみで、ほかには特に見当たりませんでした。

A人事マネージャー：そうか特定できなかったか。こうなるとやはりNにまずは心当たりがないか聞いてみる必要があるな。ところで、その二つのまとめサイトでは活発に写真のことを取り上げて話題にはなっているのかな。

B社員：うーん、あんまり活発ではなかったような……その辺はよく見ていません……。

A人事マネージャー：よく見ていない……それじゃ困るな。ではどのくらいの書き込みがあったかはわかるかな。

B社員：う〜ん。

A人事マネージャー：……そのまとめサイトを今見せてくれ。

B社員：わかりました。

＊A人事マネージャーとB社員とで二つのまとめサイトを見たところ、Instagramにアップされた12月２日から二日程度は、この話題についてまとめサイトにコメントが多数書き込まれていたが、その後はコメント数が減り、９日のコメント数はわずか２件であった。

A人事マネージャー：このまとめサイトを見る限り、この件については事態が収束してきているようだな。不幸中の幸いかな。

B社員：そうですね。じゃあ、放っておいても大丈夫かな。

A人事マネージャー：まだInstagram上の写真は残っているし、いつどうなるかわからない以上、それじゃあ根本的解決にならないだろ。

B社員：すみません。あ、じゃあ前回の顧客情報漏えい事件のケースではプレスリリースを行いましたよね。今回もこうやって二つのまとめサイトに掲載されている以上、すぐにプレスリリースを出したほうがいいんじゃないですか。

A人事マネージャー：いや、現時点としては、今回はプレスリリースを出す必要はないだろう。

Ｂ社員：なぜですか。

Ａ人事マネージャー：プレスリリースは、そもそも炎上しているケースなど放置しておくと会社にとって信用毀損が拡大しそうな場合に、少しでもそれを食い止めるために行うものだろ。少なくとも今回のケースは、現時点で、まとめサイト上も炎上の気配は見せていない。それにもかかわらず、プレスリリースを打ったら、かえって世間に本件事案を広めることになる。プレスリリースは行うべきではないだろう。

Ｂ社員：あぁ、そうなんですね。プレスリリースはこういう情報漏えいの場合必ず出すものかと思っていました。

Ａ人事マネージャー：プレスリリースをなぜ出す必要があるかきちんと趣旨を考えてくれ。ただ、この事案も、いつ事態が変わり情報が拡散するかわからないから、継続して情報収集はしておいてくれ。

Ｂ社員：わかりました。

Ａ人事マネージャー：では、Ｎに話を聞くことにするか。Ｎとの面談を設定してくれ。

ポイント

◆後日整理、確認しやすいよう、ウェブ等で事実確認をする際には、当該WEBページをプリントアウトする等していつでも見ることができるようにしておくことが肝要である（証拠保存という意味でも必要）。

(エ)　関係者のヒアリング

こうして、Ａ人事マネージャーとＢ社員は、内部通報をしてきたＮから話を聞くために、面談の申入れを行い、その日の夕方に面談が設定された。しかし、夕方の面談では、Ｎ社員は「nama_cat」のアカウントが社員の誰であるかまではわからないとのことであった（なお、Nに対しては、本事案について他の者に他言しないよう指導した）。

> A人事マネージャー：困ったな。このままでは社員の特定ができないな。
> B社員：そうですね。
> ＊そこで二人はもう一度当該写真を見た。その写真は、特に誰かを被写体として写しているわけではなく、忘年会会場の様子を写したものであったが、近くに写りこんでいた社員が数名いた。
> A人事マネージャー：ここに写っている社員は、X部署の社員だよな。
> B社員：そうですね。
> A人事マネージャー：確か、部署ごとに比較的まとまっていた気もするから、この写真を撮ったのもX部署の人間かもしれないな。ここに写っているX部署の人間に当たってみるか。

A人事マネージャーとB社員は、写真に写っているX部署の人間を調べ、翌日以降、各社員と面談を行うこととなった。

ポイント

◆ヒアリングを行う場合には、できるだけ具体的な内容を聞く。すなわち、5W1H（いつ、どこで、誰が、何を、なぜ、どのように行ったか）を意識したヒアリングを行う。

〈12月12日㈪～13日㈫〉

X部署の各社員との面談を二日間かけて順次行った結果、以下のことが判明した。

① 写真を撮ったのが誰かはわからないが、近くにいたのは同じ部署の社員ばかりであったため、「nama_cat」は同じ部署の社員である可能性が高い。

②　Ｘ部署の社員で猫を飼っているという話を聞いたことがあるのは、Ｙ社員くらいである。ただし、猫の種類まではわからない。

そこで、Ａ人事マネージャーとＢ社員は、Ｙ社員にとりあえず話を聞いてみることに決め、Ｙ社員に対して面談を申し入れ、14日に面談を行うこととなった。

ポイント

◆SNS上の問題を発生させた疑いのある当人と話をする場合には、それまでにできるだけの資料を集めておき、整理することが適切である。こうした資料は、当人と話をする際の材料（当人の発言の裏づけ、当人が否定した場合の弾劾資料など）となる。

〈12月14日㈬〉

当日朝、Ｂ社員がInstagramの写真を確認すると、当該写真が消えていることが判明した。その旨をＢ社員はＡ人事マネージャーに報告した。

Ａ人事マネージャー：このタイミングで写真が消えたということになると、やはりInstagramの「nama_cat」のアカウントはX部署の人間である可能性が高くなったな。

Ｂ社員：Ｙですかね。

Ａ人事マネージャー：それはまだわからないだろ。まずはＹの話を聞こう。

Ｙ社員との面談が行われた。この面談では、Ｙ社員は猫を飼っているということは認めたものの、Instagramの「nama_cat」のアカウントが自分ではなく、そのようなInstagramのアカウントの存在すら知らないことを述べ、猫の写真の提出要請に対しても、提出する義務はないと提出を拒絶し、そのままＹ社員が「nama_cat」であることが確認できないまま面談が終了した。

B社員：面談中のYの様子を見ていると、たぶんYが「nama_cat」だと思うんですけどねぇ。

A人事マネージャー：証拠がないな。

B社員：猫の写真とか強制的に提出させることはできないんですかね。

A人事マネージャー：専門家に聞いてみないとわからないが、たぶんそれは難しい気がするなぁ。まずは、Y自身、「nama_cat」のアカウント名のInstagramを知らないと言っていたから、それが本当かどうか、今年作成したモニタリング規定を利用して、Yに貸与している当社のPCを利用したウェブのアクセスログを検索してみるか。少なくとも、Yの面談時の状況も踏まえると、本事案ではモニタリング規定で調査するだけの要件は揃っているだろう。

ポイント

◆SNS上の問題を発生させた当人に対するヒアリングは、ある程度関係者へのヒアリングや資料が揃った段階で行ったほうが、充実した確認作業を行うことができる。

〈12月15日㈭〉

A人事マネージャーとB社員は、会社が貸与しているY社員のPCのウェブのアクセスログをモニタリングし、「nama_cat」のアカウントのInstagramにアクセスしているかどうかを調査した。しかし、結局、Y社員のPCからは、当該Instagramにアクセスしている形跡は出てこなかった。

B社員：何も出てきませんでしたね。

A人事マネージャー：八方ふさがりだな……私もこれ以上何をすればよいかわからなくなってきたから、一度顧問弁護士に相談して、今後どうすればよいかアドバイスをもらうか。

こうして、顧問弁護士であるＣ弁護士にアポイントメントをとり、今後の対応について相談することとした。

〈12月16日㈮〉

Ａ人事マネージャーとＢ社員は、今後の対応について相談するため、Ｃの弁護士事務所を訪れ、これまでの経緯を説明のうえ、アドバイスを求めた。

Ａ人事マネージャー：……というわけで、我々としてはこれ以上何をしてよいかわからなくなってしまっています。どうしたらよいでしょうか。

Ｃ弁護士：そうですね。少なくとも現状で、「nama_cat」の人物を特定することは難しいでしょうね。

Ｂ社員：Ｙは猫の写真の提出を拒否しましたが、写真の提出を強制することはできないんですか。

Ｃ弁護士：それは難しいですね。猫の写真というのは完全にＹのプライベートに属するものなので、それを提出することを強制はできません。

Ｂ社員：では、Ｙのスマートフォンを調べることはできませんか。

Ｃ弁護士：Ｙ本人のスマートフォンも同様にできませんね。あくまで会社が提出を強制しうるとすれば、業務上の資料になります。

Ａ人事マネージャー：では、本件のような場合にはどうしたらよいのでしょうか。

Ｃ弁護士：本事案では、大きく二つの対応に分けて考える必要があります。一つ目は、アップされて二つのまとめサイトに流出してしまった写真を削除すること。二つ目は、「nama_cat」が誰か特定し、その社員に対してどういう対応をするか検討すること。この二つを考える必要があります。

Ａ人事マネージャー：一つめの写真の削除はどうすればよいのでしょうか。

Ｃ弁護士：写真を削除する方法としては、投稿者が今回わからない以上、削除権限をもつまとめサイトの管理者に対して、削除要請を行うことが考えられます。基本的に各まとめサイトには、管理者が自主的に情報を削除する場合のルールや手続を定めていることが多いので、その方法に則って削除要請を行えば、削除をしてもらえる可能性は高まるでしょう。

一般的には、①当該書き込みがなされている SNS サイトの名称および URL、②投稿者の氏名（ID、ハンドルネーム）、③投稿日時、④削除を要請する当該問題箇所、⑤侵害される権利および権利侵害の理由、⑥企業の担当者の名前および連絡先等を書くことが多いと思います。

Ａ人事マネージャー：この削除要請を行えば、写真の削除はやってもらえるのでしょうか。

Ｃ弁護士：確実とは言えません。もし、この削除要請を行っても何ら対応をしてくれない場合には、次の手段として、裁判手続を利用して写真の削除を請求することになります。ただし、裁判手続を経る以上、ある程度時間がかかることは覚悟する必要があります。

Ａ人事マネージャー：では、二つめの「nama_cat」の特定方法はどうすればよいのですか。

Ｃ弁護士：これは、発信者情報開示請求というものを行います。これはプロバイダ責任制限法という法律で規定されているものですが、①当該トラブル情報によって、企業の権利が侵害されたことが明らかであること、②企業にとって発信者情報開示を受ける正当な理由があれば、請求できることになっています。

ただ、この発信者情報開示請求は非常に手間がかかる手続で、少なくとも 2 回はこの手続を経る必要があり、開示されるとしても数か月といった時間を要することになりますし、この開示請求に管理者が応じない場合には、結局裁判手続を行わなければならないことになります[1]。

B社員：よくわかりませんが、なんだか難しそうなうえに時間もかかってしかも効果があるかわからないとなると、これを行うモチベーションが下がりますね。

A人事マネージャー：モチベーションはともかく、時間とコストは検討したうえで対応する必要があるな。本事案の場合、どこまでやったほうがよいとお考えですか。

C弁護士：少なくとも、一つめの写真の削除については、まとめサイトの管理者に対し削除要請を行うことまでは、そこまで手間がかかるというわけではないのでやっておいて損はないと思います。一方で二つめの発信者情報開示請求については、本事案では、少なくとも現時点で情報がほとんど拡散されておらず、Instagramの写真自体は削除され、全体的に収束に向かっていると思われることを踏まえれば、今の段階で、コストと時間をかけて開示請求を行うことまではしなくてもよいのではないかとは思います。もっとも、会社としてきちんと当該社員に対してけじめをつけたいということであれば別ですが。

ただし、本件はおそらくInstagram上にアップしてしまったのは意図的なものではないと思われますし、ほとんど拡散されないうちに削除されていること、二つのまとめサイトには情報が流出しましたが、現時点では具体的な被害は存在していない以上、処分をしたとしても、そこまで重い処分はできず、できても譴責などの軽い処分とせざるを得ないのではないかと思います。もちろん処分をする場合には、より事実関係を明確にしておく必要はあります。

1　令和3年改正につき第4章3(6)参照。

Ａ人事マネージャー：そうですか。社員が特定できたとしても今回のようなケースはあまり重い処分はできないのですね。

Ｃ弁護士：あくまで、過失であることや、被害が発生していないといった現状が前提ですが。

Ａ人事マネージャー：わかりました。今後の対応については今お聞きした点を踏まえて、どこまで行うか会社で検討します。

〈12月19日㈪〉

翌週、社内で今後の方針を協議した結果、現時点の状況に鑑み、まとめサイトの管理者に対する削除要請を行うこと、それ以上の対応については、現時点でいったん保留することとなった。これを受けて、Ｂ社員は二つのまとめサイトで削除ルールを調べて、それに基づいて削除要請を行った。

ポイント

◇各掲示板やその他 SNS のウェブサイトにおいては、投稿内容を削除できる場合のルール、手続のガイドラインなどが定められている場合が多いため、まずはそのサイトのガイドラインに従って削除要請手続を行ってみることが肝要である。

〈12月20日㈫〉

突然、Ａ人事マネージャー宛にＹ社員から社内メールが送られてきた。内容は、先日面談を行ったときの内容について話したいことがあるので面談をしてほしいというものであった。そこでＡ人事マネージャーはＢ社員も同席のうえ、Ｙと急遽面談を行うこととなった。

面談でＹは、自分が「nama_cat」のアカウント名で Instagram をやっていること、酔っ払って記憶がない状況下で猫の写真をアップしていたところ、誤って忘年会の写真を１枚アップしてしまったこと、Ｘ部署の中でそのことが話題になったことで（面談の影響と思われるが)、そのことに気づきすぐに削除をしたこと、14日の面談では、これがばれたら処罰されると思い、怖くなって否認したこと、その後、やはりこのままではいけないと思い直し、今回話をすることにしたことを説明した。この話を受けて、A人事マネージャーはY社員に顚末書の作成を要請した。

〈12月21日㈬〉

翌日には、顚末書をY社員から受領した。同顚末書には前日の面談時のY社員の話が記載されていた。これを受けて、A人事マネージャーとB社員は上長らに報告を行い、最終的に会社として、「譴責」処分を行うことを決定した。

ポイント

◆懲戒処分を行うときは、就業規則等に定められた懲戒手続に従って行わないと、懲戒処分が無効となる可能性があるので、その点に注意して手続を進める。

〈12月28日㈬〉

年内業務最終日、B社員がまとめサイトを見ると2件とも当該写真が削除されていたことがわかったため、A人事マネージャーにその旨を報告した。

B社員：ぎりぎり年内間に合いましたね。
A人事マネージャー：これで心置きなく年末年始を迎えられるな。
B社員：今年最後の仕事が終わったような気がします！
A人事マネージャー：おまえはまだ仕事が残ってるだろ……。
B社員：……。
A人事マネージャー：やり終わるまで帰るなよ。

こうして一つの事件がまた終了した。

3　ケース３――セクハラ事件の発生

（第２章Ⅰ６参照）

(1)　事件の内容

ＴＯ引越センターの総務部Ｙマネージャーは、今年入社して同部に配属された新人女性従業員のＸに好意をもち、積極的に話しかける等していた。Ｘ社員との会話の中でＸ社員がFacebookをしていることを知ったＹマネージャーは、Ｘ社員のFacebookアカウントに友達申請をしたが、いっこうに承認されなかった。

そこで、Ｙマネージャーは、再度Ｘ社員に友達申請を試みたものの、やはり承認されないので、直接Ｘ社員に対し、「友達申請したんだけど、なにかまずかった？」と聞いたところ、Ｘ社員は、「申し訳ありません。友達の範囲は、プライベートの友人に限らせていただいているんです」と説明した。

しかし、Ｙマネージャーは、その後も、Ｘ社員に対し、「別に承認くらいしてくれてもいいんじゃないの？」などと言ったり、周りの従業員に「Ｘは友達申請の承認さえしてくれない。ちょっとかわいいからって調子に乗っている」などと言ったりしていることがＸ社員の耳にも入ってきた。

そのため、Ｘ社員は、同部Ｚ部長に対し、Ｙマネージャーの上記言動について相談をした。

(2)　事実経緯と対応

〈５月24日㈫：初動〉

人事部は、Ｚ部長から、Ｘ社員がＹマネージャーからFacebookの友達申請をされて困っていること、Ｘ社員が友達申請を承認しないことに対して、Ｙマネージャーが暗に承認するよう求めてきたり、他の従業員に対してＸ社員のことを誹謗するような発言をしたりしている旨報告を受けた。

そこで、A人事マネージャーとその部下であるB社員は、今後の対応について協議した。

B社員：最近問題になっているソーハラ（注：Twitter や Facebook などのSNS を通じて、職場の地位や立場の優位性を背景に行われるハラスメント）ですね。

A人事マネージャー：そうだね。あとセクハラの問題としても考えられるね。

B社員：Facebook の話ならプライベートのことなので、会社に相談されても困ってしまいますね……。

A人事マネージャー：確かに、プライベートの問題に会社がどこまでタッチするかという問題はあるね。ただ、そのせいで仕事にも影響するとすれば、会社にも職場環境に配慮する義務があるので、何もしないというわけにもいかないな。とりあえずXさんに話を聞いてみよう。

〈5月27日㈮：Xとの面談〉

A人事マネージャーとB社員は、X社員から、4月末くらいにFacebookでYマネージャーから最初の友達申請がきたこと、X社員は、Yマネージャーにプライベートのことを知られるのが嫌だったので、申請を削除したところ、GW明けにまたYマネージャーから友達申請がきたこと、現在その申請に対しては承認せず放置していること、日頃からYマネージャーの自分への接し方の距離感が近くて警戒していることなどを聴き取った。

B社員：とりあえず、今きている友達申請については、削除するとまた申請できてしまうので、そのまま放置しておくほうがよいと思います。あと他の方法としては、Xさんは嫌かもしれないけど、承認はしつつ、制限リストにYマネージャーを入れておけば、Xさんの投稿は見られずに済みますよ。

A人事マネージャー：いずれにせよ、今後Yマネージャーと面談する予定なので、その際友達申請の取扱いについては話してみます。とりあえず承認しないでそのままにしておいてください。

X：ありがとうございます。承知しました。

A人事マネージャー：念のため、証拠として、Yマネージャーから友達申請がきている画面をおさえておきたいんだけど、協力してもらえますか。

X：もちろん大丈夫です。リクエスト画面のキャプチャをとってA人事マネジャーのパソコンメールにお送りします。

A人事マネージャー：ありがとうございます。

X：私の気にしすぎなのかもしれませんが、Yマネージャーが私の近くを通る度にまた何か言われるんじゃないかと気になってしまいます……。

A人事マネージャー：この後Yマネージャーからも話を聞く必要があるんだけれども、その場合、Xさんから今回このような申告があったということがYマネージャーにわかってしまいますが、大丈夫ですか？

X：怒りの矛先が私に向かないように気をつけていただければ、構いません。

A人事マネージャー：了解しました。Yマネージャーから話を聞いた後、本件対応についてまたご連絡します。

ポイント

◇SNS 上の記録は消されてしまうおそれがあるので、早期に証拠保全しておくのが肝要である。

◇ハラスメントのうち特にセクシュアルハラスメントの場合、加害者に事情聴取をすると被害者に二次被害が生じるかもしれないので、被害者の意向を事前に確認しておくとよい。

〈５月31日㈫：Ｙマネージャーとの面談〉

Ａ人事マネージャーとＢ社員は、Ｙマネージャーからも話を聞いた。面談の冒頭、面談をセッティングした経緯について、Ａ人事マネージャーは、Ｘ社員とＺ部長から事前に了解を得たうえで、Ｙマネージャーには、Ｘ社員から申告があったとは説明せず、Ｘ社員が思い悩んでいるようだったので、Ｚ部長が心配して話を聞いたところ、ＹマネージャーからFacebookの友達申請がきてどのように対応したらよいか困っているということだったと説明した。Ｙマネージャーは、事実関係についておおむね認めた。

Ｙマネージャー：１回申請したところ、なかなか承認されなかったので、もう一度試しに申請をしたのは事実です。Ｘさんは日頃自分を慕ってくれていたので、Facebookの友達になるくらいよいだろうと思っていました。Ｘさんがそんなに困っているとは思ってもいなかったので、ショックです。

Ａ人事マネージャー：プライベートでも仲の良い同僚であればFacebookの友達になるのは自然かもしれませんが、職場の上司がプライベートでも部下と接点をもとうとする際は、注意が必要です。まして一度不承認になっているわけですから。

Ｙマネージャー：今後は気をつけるようにします。

Ａ人事マネージャー：単に友達申請を繰り返したということだけではなく、その後「別に承認くらいしてくれてもいいんじゃないの？」と本人に言ったり、Ｘさんが承認してくれないと周りの社員に言いふらしたり、といった対応もよくないので、その点についても注意していただかないと。

Ｙマネージャー：それは飲み会の席で冗談交じりに言ったことなんで。

Ａ人事マネージャー：飲み会であろうがなかろうが、本人にとっては嫌なことだと思います。本件に関する会社の正式な措置については、検討のうえ、追ってご連絡します。あと、友達申請の取扱いについてですが……。
Ｙマネージャー：申請は取り消すようにします。

Ｘ社員とＹマネージャー双方からヒアリングを済ませ、Ａ人事マネージャーとＢ社員は、本件に関する対応について協議した。その結果、２回友達申請をした後も、本人にプレッシャーを与えるような発言をしていることや、周囲の社員にもＸ社員を誹謗するような発言をしていること、Ｘ社員としてもストレスを感じていることからすると、このままヒアリングのための面談での軽い指導にとどめるわけにもいかなかった。一方、まだそこまで深刻な事態になっているわけではなく、また、Ｙも一応反省していることから、懲戒処分をするほどとはいえず、今回は証拠化の意味合いも含めて書面で注意書を出しておくということにした。

そこで、後日、Ａ人事マネージャーとＢ社員は、Ｙマネージャーを呼び出して、「今後は、ＸにFacebookの友達申請等をすることは控えるとともに、Ｘ本人に申請の承認を強制するような発言や、他の社員に対してＸを誹謗するような発言は控えるように注意いたします」、「今回は注意書にとどめますが、今後、貴殿が同種の行為を行った場合には、当社就業規則に従って懲戒処分を実施することがあるので、そのようなことにならないように注意してください」などと記載した注意書を交付した。

その後、Ｂ社員は、Ｘ社員に、Ｙマネージャーに注意をして、Ｙマネージャーも反省していたことや、友達申請は取り消すと言っていた旨報告した。

ポイント

◆後々紛争になった場合に、以前も当人に同様のケースがあったのかどうかや会社は注意指導を行っていたのかどうかが問題になることがあるので、その際の立証を容易にするため、注意指導は記録に残る形で行うとよい（書面で出すのが仰々しければメール等でも可）。

〈7月20日㈬：新たな事案発生〉

本件は無事解決したと思っていたところ、7月下旬になって、X社員からZ部長を通じてあらためてYマネージャーのことで人事部に相談があった。

相談の内容は、以下のとおりである。

以前より、X社員およびYマネージャーが所属するグループでは、Yマネージャーの発案で、グループのメンバー全員をLINEのグループに登録させて、課内の業務連絡や懇親会の連絡等のやりとりを行っていた。上記注意書の交付後、Yマネージャーから、LINEのグループに登録されていたX社員個人のLINE宛に、「嫌な思いをさせてしまったようで申し訳ない」とメッセージがきたので、X社員は、「私も事を大きくしてしまってすみませんでした。今後ともご指導宜しくお願いいたします」と返信していた。しかし、その後も、Yマネージャーから、何かにつけてX社員個人のLINE宛にメッセージが送られてくるようになった。業務に関するメッセージのほか、Yマネージャーからは、「未読のままだけど、今日はどこか出かけているのかな？」などとプライベートを詮索するようなメッセージが送られてきたり、「友人からコンサートのチケットをもらったので、よかったら今度いっしょに行きませんか？」などと誘われたりすることもあった。そのような誘いに対してX社員は返信しないようにしていたところ、ある日、Yマネージャーから、「なんで返信してくれないの？」と問い詰められたという。X社員は、精神的にすっかり滅入ってしまっており、もうYマネージャーといっしょには働きたくないと言っている。

A人事マネージャーとB社員は、Xから、問題となっているX社員とYマネージャーのLINEのやりとりを写真に撮って提出してもらい、X社員の説明に沿うやりとりがなされていることを確認したうえで、Yマネージャーとの面談を実施した。

〈7月26日㈫：Yマネージャーとの面談〉

A人事マネージャー：……ということなんですが、Yマネージャーのご認識としてはいかがですか？

Yマネージャー：Xさんとは仕事上のやりとりでLINEはしていますが、プライベートを詮索するようなことはしていません。コンサートに誘ったのは、以前コミュニケーションの行き違いもあったので、そのお詫びの意味合いも込めて誘ったものです。

A人事マネージャー：確かに業務上のやりとりをしているときもあります。ただ、XさんからLINEを見せてもらい、今その写しが手元にありますが、YマネージャーはXさんに「未読のままだけど、今日はどこか出かけているのかな？」などとメッセージを送っており、これはプライベートを詮索していると言われても仕方ないのではないでしょうか。また、コンサートの件も、以前注意したとおり、プライベートのやりとりは慎重にやってほしいとお伝えしたはずです。

Yマネージャー：……。

A人事マネージャー：今後の措置については社内で協議してまた連絡しますが、前回注意書を交付しており、今回はそれ以上の処分も考えられますので、あらかじめお伝えしておきます。

〈8月1日㈪：処分の検討〉

人事部は、本件について懲戒処分はやむを得ないと考えているが、念のため処分の可否およびその程度について相談するため、顧問弁護士のCに連絡をとった。

A人事マネージャー：……という状況です。前回注意をしたのに、今回また同じようなことを繰り返していることから、懲戒処分せざるを得ないと考えているのですが、いかがでしょうか。

C弁護士：Yマネージャーは、上司の立場を利用していろいろと連絡をしているようですし、Xさんも、それにより精神的に滅入ってしまって、業務に支障が生じているようですので、プライベートの問題で片づけられる問題ではなく、懲戒処分の対象にして差し支えないと思います。また、再度同種行為を行った場合は懲戒処分になる可能性がある旨予告して一度注意をしているのに今回同じような行為を繰り返していることや、Xさんの精神的被害の程度を考えると、懲戒処分相当といえるでしょう。ただ、過去同種事例に対して懲戒処分までは実施していなかった場合は、本件に限って懲戒処分を実施するのは公平性に欠くとされるおそれがありますが、その点は大丈夫でしょうか？

B社員：セクハラがらみで、一度注意をしたのに同種行為を再度行ったというケースは過去の事例にはありませんでした。

C弁護士：了解しました。それならば公平性の観点は特に問題ないでしょう。

A人事マネージャー：処分の程度としてはどのくらいが妥当でしょうか？

C弁護士：プライベートを詮索したり、個人的にコンサート等に誘ったりしたとのことですが、それほど頻繁ではないようですし、まずは譴責処分程度にとどめておかれるのがよいのではないかと思います。あるいは、マネージャーという本来セクハラを防止しなければならない立場の人間が行ったという事情を重くみて、一段階引き上げて減給処分とすることも考えられます。懲戒事由としては、就業規則第○条第○項第○号「○○○○」に当たるということでよいと思います。

A人事マネージャー：了解しました。先生の見解を参考にして社内で最終決定いたします。ちなみに、今回LINEの記録も残っており、本人も事実関係を争っていないので、弁明手続は特にやらなくてもいいでしょうか？

C弁護士：御社の場合、賞罰規程上、処分の種類にかかわらず、弁明手続を行う旨規定されていたと思います。先日のYマネージャーとの面談が実質的に弁明手続を兼ねていたといえる余地がなくはないと思いますが、手続的なところで足許をすくわれないように、処分通知前にYマネージャーに対して「何か弁明したいことはありますか」などと聞いておいたほうがよいでしょう。

B社員：わかりました。他にやっておくべきことはありますか？

C弁護士：Xさんは Y課長とはもういっしょに働きたくないとまで言っている状況ですので、会社の職場環境を配慮する義務の観点からXさんとYマネージャーを離す必要があります。加害者であるYマネージャーのほうを他の部署に配転せざるを得ないでしょう。

A人事マネ－ジャー：了解しました。

ポイント

- SNS上のトラブルがプライベートで生じていれば、懲戒処分の対象になるのかどうかが微妙になるので、一応注意を要する。
- 懲戒処分の量定は、行為態様、被害の程度のほか、過去の注意指導の有無や、同種事案に対する過去の処分状況とのバランスも考慮して決定する。

その後、人事部で処分の量定や配転先について検討していたところ、Yマネージャーから Z部長宛に辞表が提出され、会社は、これを受け入れ、処分を見合わせることとした。

今回のケースを活かして、人事部は、毎年行っている社員研修のテキストの中にソーシャルハラスメントに関する項目を新たに設け、従業員間のSNS上のやりとりについて注意喚起するようにした。

4 ケース4――社員のSNSでの副業

（第2章Ⅲ参照）

⑴ 事件の内容

ＴＯ引越センターの営業部のＸ社員は、もともとゲームが趣味であったところ、数年前からゲームの実況プレイ動画をYoutubeに投稿するようになった。当初は、ゲームのプレイ画面のみを配信していたが、より視聴者数を増やすため、ゲームキャラクターのコスプレをしてプレイしている様子を配信するなど、さまざまな工夫を凝らすようになった。現在、Ｘ社員のチャンネル登録者数は約3000人、１動画あたりの視聴回数は4000～5000回程度であり、概ね週に１回のペースで動画が投稿されている。Ｘは、自分の投稿する動画に広告を設定しており、視聴回数に応じた広告収入を受け取っている。

Ｘ社員の同僚である営業部のＹ社員は、休日にYoutubeでゲーム実況動画を見ていたところ、たまたま見ていた動画の実況者の声がＸ社員に似ていると感じ、もしやと思って当該実況者の他の動画を確認したところ、Ｘ社員がコスプレをしてゲームを実況している動画を見つけた。Ｙ社員は、これらの動画に広告が表示されていたことから、Ｘ社員が就業規則で禁止されている副業をしているのではないかと思い、人事部に相談した。

⑵ 事実経緯と対応

〈8月3日㈪：初動〉

人事部は、Ｙ社員から、Ｘ社員がYoutubeでゲームの実況動画を投稿していること、テレビ番組などでは、Youtuberが広告収入で大金を稼いでいるといった話をよく聞いており、Ｘ社員もそうなのではないか、といったことを伝えられた。

そこで、Ａ人事マネージャーとその部下であるＢ社員は、今後の対応について協議した。

B社員：あのおとなしそうなXさんがYoutuberとは意外ですね。
A人事マネージャー：Youtubeを確認したところ、確かにこれはXさんで間違いないだろうね。当社の就業規則の副業に関する定めはどうなっていたかな。
B社員：副業については会社の許可がない限り禁止とされています。しかし、これは副業に当たるんですかね。
A人事マネージャー：正式には、どのような表現なの。
B社員：「当社の従業員は、自ら事業を営み、または他の会社の役員または従業員になってはならない。ただし、所定の方法により事前に申請し、当社が許可した場合はこの限りでない」となっています。
A人事マネージャー：なるほど。そうすると、「自ら事業を営み」に当たる可能性はあるね。ちなみに、動画の内容は特に問題なさそうなのかな。
B社員：全部の動画は見終わっていませんが、楽しそうにゲームを実況したり、雑談をしているだけで、誹謗中傷や、当社の情報を話している、といったことはありませんでした。
A社員：そうか。だったら、問題は副業のところに絞れそうだね。ひとまず、Xさんの話を聞いてみよう。その前に、Youtubeの動画については、保存しておいてください。
B社員：Youtubeの動画はダウンロードできないみたいですが、どのように保存すればいいでしょうか。
A人事マネージャー：今回で重要なのは、「Xさんが動画を投稿したこと」、「その動画に広告が入っていること」の2点なので、Xさんの顔が映っていること、広告が入っていることがわかるように、スクリーンショットを撮るようにしてください。

ポイント

◇就業規則違反の可能性を検討する際には、就業規則の正確な文言を確認しておき、どの部分に違反する可能性があるか確認する必要がある。

◇SNS によっては、そのまま投稿内容を保存することが困難な場合も考えられるので、何を証拠化するのか検討し、それに見合った方法で保存する必要がある。

〈8月4日(火)：Xとの面談〉

A人事マネージャーとB社員は、X社員と面談をした。

X：はい、私がゲーム実況動画を投稿しているのは事実です。ただ、趣味で行っているものであり、何か問題になるようなものではないと思っていたのですが。

B社員：Xさんは動画に広告をつけていますが、これで Youtube から広告料をもらっていることは事実ですか。

X：もらってはいますが、せいぜい月に数千円程度で、動画の編集にかかる機材や手間の費用を考えたら赤字です。

A人事マネージャー：当社では、副業をする場合、事前に会社の許可が必要だということは知っていますか。

X：それは知っています。ただ、副業というのは、他の会社で働いたり、自分で会社を作るようなことで、私のようなことまで副業に当たるのでしょうか。

A人事マネージャー：前例はありませんが、会社以外から収入を得ている以上、副業に当たるのではないかと思っています。

X：私はどうなるのでしょうか。これ以上動画投稿を続けてはいけないのでしょうか。

A人事マネージャー：当面の間、投稿は控えてください。今後のことについては、あらためてご連絡します。

Xとの面談後、A人事マネージャーとB社員は、本件の対応について再度協議した。

B社員：Youtuberでも数千円しか収入がないというのは本当なんですかね。夢がない話ですね。

A人事マネージャー：本当のところは銀行通帳を見せてもらわないとわからないけど、1動画あたり数千回しか再生回数がないなら、おそらく嘘ではないように思うね。通帳については、Xさんに聞いてみよう。

B社員：問題としては、①今後動画投稿を認めるかどうかと、②これまで無許可で動画投稿をしていたことについて懲戒処分をするか、の2点ですかね。

A人事マネージャー：①について、Xさんの勤怠や勤務成績などはどうなっているのだろう。動画投稿に夢中で、仕事がおろそかになっていないかな。

B社員：勤怠は、皆勤されており、残業も普通にされていますね。勤務成績についても、営業部の中でもいい方です。この前の面談でも、動画は休日に作っていると言っていましたし、仕事はきちんとしているように思います。

A人事マネージャー：それなら私としては、仕事をきちんとしてくれているなら、金額もわずかだし、許可の手続さえしてもらえれば、認めてあげてもいいんじゃないかと思う。

B社員：②についてはどうしましょうか。過去の事例だと、3年前にキャバクラでバイトをしていた社員を懲戒解雇したことがあります。

A人事マネージャー：その事案は、キャバクラで毎日働いていて、しょっちゅう遅刻していたうえに、注意されてもバイトを辞めなかった事案だよね。今回は、少なくとも仕事で迷惑をかけていないのだから、同じ処分にはできないかな。

B社員：だったら、どうすればよいでしょうか。会社のルールに違反したことは確かなのに、何の処分もしなくていいんですかね。

その後、A人事マネージャーはX社員に対し、銀行通帳など、Youtubeから受領した金額がわかる資料を提出するよう依頼し、X社員は、Youtubeの公式サイトの入金履歴の一覧を提出した。この入金履歴によれば、X社員の述べたとおり、月々の広告収入は数百円から多い月でも数千円程度であった。

〈8月7日㈮：C弁護士への相談〉

A人事マネージャー：以上の次第で、Xさんについての処分について悩んでおります。前例のように懲戒解雇とするのはいかにも重すぎるとは思いますが……。

C弁護士：Xさんは、仕事はまじめにこなされていているようですし、今回の動画投稿について、これまで会社から注意を受けたこともないとうかがっています。動画そのものの内容で、何か会社の名誉や信用を損なうようなものはありますか。

A人事マネージャー：動画が何百本もありますので、全部見てはいませんが、ゲームをプレイしているだけで、特に当社の信用を損なうような発言はなかったと思います。

C弁護士：そうであれば、懲戒処分をすることは避けたほうがよいと思います。副業による懲戒処分については、前回の事案のように副業により会社の業務に支障が生じていたり、あるいはライバル会社で勤務して秘密を漏らす、会社の名誉や信用を傷つけるといった具体的な事象が必要であり、単に許可をとらずに副業をしていた、というだけですと、懲戒処分まで行うのは難しいと思います。

A人事マネージャー：わかりました。注意をすることは問題ありませんか。

C弁護士：許可をとらずに副業をしていた以上、注意をすることは構いません。

A人事マネージャー：副業について懲戒処分も難しいということであれば、そのままルール違反の状況を放置するよりは、一層のこと、正式に副業として申請してもらって認めようかと思っております。ただ、これまで副業を認めたことがなく、どのような書類を出してもらえばよいのでしょうか。

C弁護士：基本的には、どのような副業をするのかということの申告と、副業をすることで会社の業務に悪影響を与えない、といったことを約束してもらうことになります。後でサンプルをお送りしましょう。

A人事マネージャー：ありがとうございます。よろしくお願いします。

ポイント

◆副業については、たとえば副業禁止が就業規則で定められていたとしても、会社の業務に具体的な悪影響が生じたといえない場合、懲戒処分を行うことは難しい。

◆副業を認める場合は、副業の内容や勤務先について申告してもらうとともに、副業により本業に悪影響を与えないことについて、約束をしてもらう必要がある。

その後、C弁護士から、副業に関する書類のサンプルを受領し、A人事マネージャーは、以下の申請書を作成した。

副業・兼業申請書

令和○年○月○日

ＴＯ引っ越しセンター
　代表取締役　○○○○　殿

　私は、この度、以下の内容の副業・兼業を行うことを申請いたします。

副業・兼業先	自営（Youtubeの投稿）
副業・兼業先の住所	Ｘ社員の自宅住所
副業・兼業先の電話番号	Ｘ社員の電話番号
副業・兼業の内容	Youtubeの投稿による広告
勤務日・時間	土曜及び日曜・○時ごろから○時ごろまで １日○時間程度
副業・兼業の期間	○年○月○日まで

　また、私は、上記の副業・兼業を行うに際し、以下を誓約します。
　１．当社の業務時間中に副業・兼業を行いません。
　２．当社の設備、備品または当社の業務で得られた情報を副業・兼業に利用しません。
　３．副業・兼業により、当社での勤務に影響を生じさせません。
　４．副業・兼業先に対し、当社の秘密情報（個人情報を含む）を開示または漏えいしません。
　５．副業･兼業により、当社の名誉、信用等を傷つけないよう留意します。
　６．副業・兼業により得られた収入については、適切に確定申告を行います。
　７．副業・兼業の内容等、本申請書記載の内容に変更が生じた場合は、速やかに貴社に届け出ます。
　８．副業・兼業に関し、貴社から報告を求められた場合には、速やかに報告します。
　９．私が以上の誓約に違反した場合、または貴社の事情により副業・兼業が認められなくなった場合は、本許可が取り消される可能性があることを承知しました。本許可が取り消された場合は、速やかに副業・兼業を中止します。

以上

署名　○　○　○　○　㊞

A人事マネージャーは、X社員に申請書を交付し、X社員はこれに署名押印してA人事マネージャーに提出した。

第6章

関連書式

1　就業規則

※本規則は、就業規則で設けられると思われる条項に、第 3 章以下で紹介した、SNS に関して問題が生じた場合に設けておいたほうが望ましい内容を加筆したものです。実際の就業規則には、本書に記載されていない条項も必要になりますので、ご留意ください。

(1)　採用時提出書類に関する規定

> **第○条（提出書類）**
> 当社に採用された者は、入社時までに次の書類を提出しなくてはならない。
> ①　履歴書（写真添付）
> ②　職務経歴書
> ③　卒業証明書又は卒業見込証明書（ただし新卒者のみ）
> ④　学業成績書
> ⑤　健康診断書
> ⑥　誓約書（SNS に関する誓約書を含む。）
> ⑦　身元保証書
> ⑧　行政手続における特定の個人を識別するための番号の利用等に関する法律及び関係法令が定める本人確認の措置として提出すべき書類
> ⑨　源泉徴収票、厚生年金被保険者証、雇用保険被保険者証（中途採用者のみ）
> ⑩　その他会社が必要と認めた書類

(2)　機密保持に関する規定

> **第○条（機密保持）**
> 社員は、業務により得られた会社、取引先、顧客、同僚等の情報を厳重

に管理し、私的に情報を使用し、又は第三者に漏えいしてはならない。

(3) 服務規律に関する規定

第○条（服務規律）

1 社員は、正当な理由なく、遅刻、早退又は欠勤をしてはならない。

2 社員は、勤務中業務に専念しなければならない。

3 社員は、就業規則その他会社の諸規程及び上長の指示及び命令を遵守し、誠実に業務に従事しなければならない。

4 社員は、勤務に関する手続その他の届出を怠り、又は虚偽の届出をしてはならない。

5 社員は、互いに協力して業務に取り組み、職場の風紀や秩序を乱すような行為を行ってはならない。

6 社員は、たとえ私的な行為であっても、会社の名誉を害し、信用を傷付けるようなことを行ってはならない。

7 社員は、会社の備品及び消耗品等を丁寧に取り扱い、会社の許諾なく、会社の備品及び消耗品を使用してはならない。

8 社員は、職務に関し不当に金品等を授受してはならない。

9 社員は、会社の承認を得ずに、在職のまま他に就職し、または自ら事業を営んではならない。

10 社員は、性的な行動又は言動により、他の労働者に不利益や不快感を与えたり、就業環境を害するようなことをしてはならない。

11 社員は、職務上の地位や人間関係などの職場内の優位性を背景にした、業務上必要かつ相当な範囲を超える言動により、他の労働者に精神的・身体的な苦痛を与えたり、就業環境を害するようなことをしてはならない。

12 社員は、会社構内で政治活動及び宗教の勧誘等を行ってならない。

⑷　時間外労働に関する規定

第○条（時間外労働及び休日労働）

1　会社は、業務の都合により、社員に対し、所定労働時間以外の時間、あるいは休日に労働することを命じることがある。

2　社員が、所定労働時間以外の時間、あるいは休日に労働する場合は、緊急の事情がある場合又は会社の命令がある場合を除き、必ず上長に事前に申し出て許可を得なければならない。

3　社員は、緊急の事情により、上長の許可なく所定労働時間以外の時間、あるいは休日に労働した場合は、速やかに上長に対し、時間外労働を行った理由及び労働時間その他会社が必要と認めた事項を報告しなければならない。

⑸　電子機器管理に関する規定

第○条（貸与電子機器の管理等）

1　社員は、会社から貸与された電子機器に、会社の許諾なく、情報媒体等を接続し、又はソフトウェアをインストールしてはならない。

2　会社は、必要と認める場合には、従業員に貸与した電子機器及び従業員が業務で使用しているクラウドサービス等に蓄積されたデータ等を閲覧・監視することができる。

第○条（私物電子機器の持ち込み）

　社員は、会社が指定する職場に、会社の許諾なく、社員が私的に所有する携帯電話、スマートフォン等の電子機器及びUSBメモリ、ハードディスク等の記録媒体を持ち込み、又は使用してはならない。

2　社員は、社員が私的に所有する携帯電話、スマートフォン等の電子機器を業務に用いる場合は、所定の方法により事前に申請し、会社の許可を受けなければならない。

2　ガイドライン（私的利用）

SNSの私的利用に関するガイドライン

1　はじめに

このガイドラインは、当社従業員の方々がプライベートでSNSを利用する際に、注意して頂きたい事項をまとめたものです。

プライベートでのSNSの利用は、皆さんの自由ですが、近時、SNSを通じた情報漏えいなどが社会問題になっており、万一そのような事態が生じた場合は、当社にとっても、そのような事態を生じた方にも、重大な損害が生じることが考えられます。

そのような事態を生じさせないためにも、SNSを利用する従業員の方々は、このガイドラインを熟読しておいてください。

2　SNSの定義

SNS（ソーシャル・ネットワーキング・サービス）とは、利用者が情報を発信し、形成していくネットサービスを言います。

例えば、Facebook、Twitter、Instagram、LINEなどは、全てこのガイドラインの対象となる「SNS」です。

3　SNSの特徴

・SNSでは、簡単に情報発信をすることができますが、あなたがした投稿は、友達だけではなく、全世界の人が見ることができます。

・友達以外に投稿を公開しない設定をしていた場合でも、その友達を通じて投稿が外部に流出する可能性があります。

・一度投稿した内容が拡散すると、完全に削除することはできず、ずっとインターネット上に残り続けます。

・匿名での投稿でも、他の投稿やその他のネット上の情報とつなぎ合わせて、あなた個人を特定される可能性があります。

・SNSは、人と人とが繋がるものですので、現実と同様の人間関係のトラブルがSNS上でも生じることがあります。

4　SNSを利用する際の注意点

・SNS は人と人とのやり取りのツールであるということを理解して、他人が読んで不快になるような投稿はしないようにしてください。
　例えば、同僚や顧客に対する中傷や、差別的な発言は避けてください。
・政治・宗教・社会問題など、人によって考え方が違う内容を投稿した場合、いわゆる「炎上」のような事態になるおそれがありますので、慎重に投稿するようにしてください。
・社外秘の情報や、顧客・取引先の個人情報などは投稿しないようにしてください。
・同僚との飲み会等他人が移っている写真は、勝手にアップロードされると不快に思う人がいるかもしれないことを念頭において、事前に許諾を得るなど配慮してください。
・著作権等の他人の権利を侵害する投稿はしないようにしてください。
　例えば、本や雑誌を撮影した画像や、他のウェブサイトに掲載されている画像をコピーしてそのまま SNS に転載することは、著作権違反にあたります。SNS で他のウェブサイトを紹介したいのであれば、リンクを貼るようにして下さい。
・SNS で他人と交流する際、相手があなたと交流することを望んでいるのか考えてください。相手があなたと交流することを望まないとしても、それは相手の自由です。
・SNS の ID やパスワードは気をつけて管理し、他人に教えたりしないようにしてください。また、SNS の公開範囲の設定を確認し、意図しない範囲に投稿を公開しないように注意してください。
・会社の PC や携帯電話からは、個人の SNS にアクセスしないようにしてください。また、勤務時間中は、業務に専念し、個人の SNS にアクセスしないようにしてください。
・SNS からアプリケーションをインストールする際は、ウィルスやスパイウェアでないか注意してください。また、アプリケーションの中には、位置情報を自動的に発信する機能があるものがあります。自分がどこにいるか、というプライバシーを発信することになりますので、注意してください。

5　違反

　本ガイドラインに反して、会社や顧客の秘密を漏えいしたり、会社の信用を傷付けるなど、就業規則に違反する行為を行った場合は、懲戒処分等の対象になることがあります。

3　ガイドライン（公式アカウント）

当社 SNS の公式アカウントに関するガイドライン

1　**はじめに**

このガイドラインは、当社の SNS の公式アカウントの投稿・更新等に関するルールを記載したものです。公式アカウントの運営担当者は、このガイドラインに従ってアカウントの投稿･更新等の業務を実施して下さい。

2　**公式アカウントの運営方針**

公式アカウントの運営方針は、次のとおりとする。

① 当社の製品・サービスやキャンペーンに関する情報を顧客に発信し、宣伝・広報を行う。

② 当社の企業活動等に関する情報を社会に発信し、当社のイメージの向上を図る。

③ 当社の採用活動に関する情報を発信し、採用活動の支援を行う。

④ 顧客と双方向のコミュニケーションを取り、顧客満足度やサービスの向上に繋げる。

3　**投稿**

⑴ 公式アカウントの運営担当者は、前項の運営方針を踏まえ、公式アカウントにおける投稿は当社の公式の見解とみなされることに留意して、適切に投稿を行うものとする。

⑵ 公式アカウントの運営担当者は、原則として、前項の規定に従い、自己の判断で投稿をすることができる。ただし、キャンペーン等関係部署との調整を要する内容の投稿については、投稿内容及び時期を事前に関係部署と調整して投稿を行うものとする。

⑶ 公式アカウントの運営担当者は、次の各号に該当する投稿を行ってはならない。

① 当社・取引先・顧客等の秘密情報・プライバシー・個人情報が含まれる投稿

② 当社・取引先・顧客等を誹謗中傷し、あるいは信用を傷付ける投稿

③　著作権等の第三者の権利を侵害する投稿

④　政治・宗教・社会問題に関する投稿

⑤　当社の事業と無関係な投稿

(4)　公式アカウントの投稿は、原則として所定労働時間内に行うものとし、所定労働時間外に投稿を行う場合は、事前に上長に申告して許可を得るものとする。なお、所定労働時間外に投稿を行う場合は、できる限り予約投稿等の機能を利用し、所定労働時間内に必要な手続を完了させるように努めるものとする。

(5)　公式アカウントの投稿は、会社が特に許諾した場合を除き、社内の指定した電子機器から行うものとし、担当者個人のPCや携帯電話からログインして投稿をしてはならない。

4　トラブル発生時の対応

公式アカウントの運営担当者は、公式アカウントに対して、他のユーザーからの苦情や権利侵害の報告が寄せられた場合、公式アカウントの投稿内容を非難する内容の投稿等が拡散しているのを発見した場合など、トラブルが生じるおそれがあると判断した場合は、速やかに上長に報告し、上長の指示に基づいて行動しなければならない。

5　違反

本ガイドラインは、会社の公式な業務指示ですので、本ガイドラインに違反した場合は、就業規則違反として、懲戒処分等の対象になることがあります。

4　ソーシャルメディアポリシー

当社の SNS に関するポリシー

1　はじめに

近時、SNS（ソーシャル・ネットワーキング・サービス）の発展に伴い、SNS を用いた情報発信や交流が拡大しており、当社においても、公式アカウントを用いて情報発信を実施しております。他方、SNS におけるトラブル等も生じており、お客様のプライバシーが流出する事案など、重大な事案も増えております。

そのため、当社は、本ソーシャルメディアポリシーを策定し、当社が SNS を利用して行う情報発信について、以下の考え方に則って行うことを約束します。

また、当社では、従業員に対しても、SNS の利用に関する教育を実施しており、以下の点に注意するよう、指導を行っております。

2　定義

(1)「SNS」とは、例えば Facebook、Twitter、Instagram、Line など、利用者が情報を発信し、形成していくネットサービスを指します。

(2)「公式アカウント」とは、当社が運営している次の SNS のアカウントを指します。

Facebook…http://www.facebook.com/●●/

Twiiter…http://twitter.com/●●

Instagram……http://www.instagram.com/●●

＊ウェブ上で公開する場合は、アカウントのトップページへのリンクを貼って特定することがよいと考えられます。

3　SNS に対する基本的な考え方

当社では、SNS について、容易に双方的な情報発信が可能であり、不特定多数が閲覧可能で、いったんなされた投稿内容を削除することが困難であるなどといった特徴を有していることを認識しています。そこで、当社では、次に掲げる留意事項について記載した公式アカウントの運営ガイドライン及び従業員の私的なSNSの利用に関するガイドラインを定め、ガイドラインの遵守に係る誓約書を取得する、また、SNSの利用に関する教育研修を行うなど、適切なSNSの利用が図られるように努めています。

4　留意事項

当社では、公式アカウント及びSNSの私的利用に際して、以下の事項に留意するよう従業員に求めています。

① SNSでは、容易に双方的な情報発信が可能であり、不特定多数が閲覧可能で、いったんなされた投稿内容を削除することが困難であることを意識すること

② お客様・取引先・当社等の秘密情報・プライバシー・個人情報が含まれる投稿を行わないこと

③ 他人を誹謗中傷し、あるいは信用を傷付けるような投稿を行わないこと

④ 法律を遵守し、著作権等の第三者の権利を侵害する投稿を行わないこと

⑤ ハラスメント、差別等の社会通念に反する投稿をせず、また、投稿以外のSNSの機能を利用して社会通念に反する行為を行わないこと

⑥ 私的な投稿でも、当社の従業員として認識されうることを意識して投稿すること

5　情報発信

当社の公式な情報発信は、当社公式ホームページ、プレスリリース、又は2(2)に記載した公式アカウントのみで実施します。

その他のSNSのアカウント等における情報発信は、たとえ当社従業員によるものであっても、当社の公式な情報発信ではありませんので、ご留意下さい。

6　お問い合わせ

本ポリシー、又は、当社のSNSに関するお問い合わせやご質問については、○○までご連絡頂けますようお願い致します。

5　誓約書（守秘）

令和○年○月○日

株式会社○○○○　御中

誓　約　書

住所　○○○○○○○

氏名（署名）　○　○　○　○

私は、業務に従事するに当たり、下記事項を遵守することを誓約いたします。

記

1　（秘密保持の誓約）

貴社の別紙に列挙する秘密情報（以下「秘密情報」という。）について、貴社の事前の明示の許可なく、いかなる方法をもってしても、第三者に開示、漏洩又は業務目的以外で使用しません。

2　（個人情報）

貴社の役職員（役員、従業員、派遣社員等を含む。）に関する個人情報（他の情報と組み合わせることにより個人を識別できる情報をいい、マイナンバー、健康情報、プライバシー情報を含む。以下「個人情報」という。）について、貴社の事前の明示の許可無く、業務目的以外で使用しません。

3　（SNS の利用について）

私は、SNS を業務上又は私的に利用する際、貴社の上記秘密情報及び個人情報に該当する内容を SNS により開示、流失等させることがないように約束いたします。

4　（外部持出禁止）

また、貴社の事前の明示の許可がない限り、秘密情報及び個人情報を不必要に記録し、写真撮影をしたり、外部に持ち出したりする（電子メール・FAX を含む。）ことがないように徹底いたします。また、秘密情報及び個人情報が記録された媒体について、貴社に無断で複製し、社外に持ち出し、あるいは送信することはいたしません。

5　**（退職時の秘密情報の返還）**

私は、貴社を退職することになった場合は、その時点で私が管理もしくは所持している貴社の機密情報及び個人情報並びにこれらの記録媒体の一切を退職時までにすべて私の上司に返還し、返還以後は私の手元には機密情報及び個人情報並びにこれらの記録媒体は一切残存していないことを誓います。

また、秘密情報及び個人情報について、貴社を退職した後においても、第三者に開示、漏えいせず、また一切使用しないことを約束いたします。

6　**（損害賠償および刑事告訴）**

私は、本誓約書に違反した場合には、貴社が私に対し、損害賠償請求、刑事告訴などの法的処分をとる場合もあることを十分に理解し、かつ、私は貴社が被った一切の損害を賠償することを約束いたします。

別紙

秘密情報

① 貴社の製品やサービス等に関する情報
② 貴社の営業・財務・人事等に関する情報
③ 貴社の取引先や顧客等に関する情報
④ 貴社の従業員や役員等に関する情報
⑤ 貴社が他社との契約や法律において秘密として保持することが義務付けられた情報、あるいは各種規定において秘密として保持することが要請される情報
⑥ 以上の外、上司から特に秘密として指定された情報

6　誓約書（ソーシャルメディア）

〇〇株式会社
代表取締役社長　〇　〇　〇　〇　殿

誓　約　書

私は、Twitter、Facebook、blog 等のソーシャルメディアを利用するに当たり、下記の通り誓約します。

記

1．私は、勤務時間中職務専念義務を負っていることを自覚し、就業時間中にソーシャルメディアの私的な閲覧や、情報の書き込み又は画像等の掲載（以下「投稿」といいます。）は行いません。
2．私は、勤務時間外であっても、貴社から貸与されているパソコンや携帯電話を利用してソーシャルメディアに私的な投稿は行いません。
3．私は、ソーシャルメディアに投稿する場合は、貴社や私自身が特定されるような情報を投稿せず、また、以下の内容を含む投稿はいたしません。
①　人種、思想、信条などに関する差別的内容・表現
②　不敬な内容、攻撃的な内容
③　誹謗中傷や名誉毀損
④　違法行為や違法行為を助長・肯定する内容
⑤　会社の内部情報
⑥　顧客や取引先の情報
⑦　個人情報・プライバシーに関わる情報
4．私は、ソーシャルメディアの利用に関してトラブルが生じた場合、直ちに上司に報告するようにいたします。
5．私は、貴社が前項の①乃至⑦に該当すると判断した事項その他貴社が不適切と判断した事項については、直ちに削除又は修正の手続を行うようにいたします。
6．万が一本誓約書に違反して貴社に損害を発生させた場合には、貴社より懲戒処分、損害賠償請求、刑事告発などの法的請求・追及を受けても異

存ございません。

7．貴社の就業規則及びガイドラインその他の規程を遵守いたします。

令和○年○月○日

氏名（署名）：　○　○　○　○

7　副業・兼業申請書

副業・兼業申請書

令和○年○月○日

○○○○株式会社
代表取締役　○○○○　殿

私は、この度、以下の内容の副業・兼業を行うことを申請いたします。

副業・兼業先	
副業・兼業先の住所	
副業・兼業先の電話番号	
副業・兼業の内容	
勤務日・時間	
副業・兼業の期間	

また、私は、上記の副業・兼業を行うに際し、以下を誓約します。

1．当社の業務時間中に副業・兼業を行いません。
2．当社の設備、備品または当社の業務で得られた情報を副業・兼業に利用しません。
3．副業・兼業により、当社での勤務に影響を生じさせません。
4．副業・兼業先に対し、当社の秘密情報（個人情報を含む）を開示または漏えいしません。
5．副業・兼業により、当社の名誉、信用等を傷つけないよう留意します。
6．副業・兼業により得られた収入については、適切に確定申告を行います。
7．副業・兼業の内容等、本申請書記載の内容に変更が生じた場合は、速やかに貴社に届け出ます。
8．副業・兼業に関し、貴社から報告を求められた場合には、速やかに報告します。

9．私が以上の誓約に違反した場合、または貴社の事情により副業・兼業が認められなくなった場合は、本許可が取り消される可能性があることを承知しました。本許可が取り消された場合は、速やかに副業・兼業を中止します。

以上

署名　○　　○　　○　　○　㊞

8　人事辞令（異動・転勤・昇格・降格）

辞　　令

令和○年○月○日

○　○　○　○　殿

○○○○株式会社

人事部長　○　○　○　○　㊞

貴殿を令和○年○月○日付をもって、△△事業本部勤務を命ずる。

以　上

9　降格（降職）通知書

辞　　令

令和○年○月○日

○　○　○　○　殿

貴殿を令和○年○月○日付で○○部○○課長の職を解き、△△部△△課勤務とする。

○○○○株式会社

人事部長　○　○　○　○　㊞

以　上

（注）　上記書式例は、人事上の措置としての役職・職位の降格（降職）を想定している。資格制度上の資格を降格させる場合や懲戒処分として行われる降格の場合には、その就業規則上の根拠を明示する必要がある。

10　注意書

令和○年○月○日

○　○　○　○　殿

注　意　書

株式会社□□□□
総務部長　△　△　△　△　㊞

当社が□□社員から報告を受けているところによると、貴殿は、令和○年○月○日から○日にかけて、総務課の△△社員に対して、△△社員が拒否をしているにもかかわらず、SNS でコンタクトをとり続けている。貴殿がこのまま同種の行為を続けると、△△社員が体調不良になるなどのおそれがあり、ひいては当社の業務に支障が生じるおそれがある。

今後は、△△社員が拒否している場合に SNS でコンタクトを取ることは控えるよう注意する。

なお、今回は注意書に留めるが、今後、貴殿が同種の行為を行った場合には、当社就業規則に従って懲戒処分を実施することがあるので、そのようなことにならないように注意をして頂きたい。

以　上

11　警告書

警　告　書

令和○年○月○日

○○部○○課

○　○　○　○　殿

○○部長

○　○　○　○　㊞

記

貴殿は、○月○○日、（これこれの）業務の執行において、（・・・・・の業務命令に従わず、・・・・・）の行為を行いました。貴殿のこの行為は、当社就業規則第○条第○項に違反します。今回の本書による警告にとどめますが、今後、貴殿が同様の違反行為を行なった場合には、当社は就業規則に従って厳正な懲戒処分を行いますので、十分にご注意ください。

以　上

12　退職願

退　職　願

令和○年○月○日

○○○○株式会社
代表取締役社長　○　○　○　○　殿

（所　属）○○部○○課
（氏　名）○　○　○　○　㊞

私は、以下のとおり退職いたしたくお願いいたします。

退職日　　　令和○年○月○日
退職理由　　・・・・・・・のため。

以　上

13　退職願受理通知書

退職願受理通知書

令和○年○月○日

○　○　○　○　殿

○○○○株式会社

人事部長　○　○　○　○　㊞

貴殿からの令和○年○月○日付退職届を当社は本日受理いたしましたので、その旨通知いたします。

なお退職にあたり、下記のものを令和○年○月○日までに人事部宛にご返還願います。

記

①　社員証

②　・・・

③　・・・

以上

14　解雇通知書

解雇通知書

令和○年○月○日

○　○　○　○　殿

○○○○株式会社

人事部長　○　○　○　○　㊞

当社は、就業規則第○条第○号「・・・・・等の業務上の都合によるとき」に基づき、貴殿を令和○年○月○日付で解雇します。○日分の解雇予告手当○○万円を、当該解雇日までに、貴殿の給与振込口座に振り込んで支払います。

以　上

15　解雇予告通知書

解雇予告通知書

令和○年○月○日

○　○　○　○　殿

○○○○株式会社

人事部長　○　○　○　○　㊞

貴殿は、かねてから……等その勤務態度は著しく不良で、また、……等その勤務成績も著しく不良であり、当社が再三にわたり口頭又は文書で改善するよう注意・指導してきましたが、何らその改善はみられませんでした。

よって、就業規則第○条「・・・・・・」に基づき、貴殿を令和○年○月○日付で解雇します。

以　上

（注）上記通知書は、予告解雇する場合を想定したものです。

16　自宅待機命令書

自宅待機命令書

令和○年○月○日

○　○　○　○　殿

○○○○株式会社

人事部長　○　○　○　○　㊞

貴殿は、令和○年○月○日から同月　日までの間、・・・・・(非違行為)の事実が判明しており、現在当社は貴殿に対する処分を検討しているところである。

つきましては、令和○年○月○日から同月　日までの間、自宅にて待機することを命じる。なお、自宅待機中の賃金は保障する。

以　上

（注）自宅待機の期間については「処分決定の日まで」とすることも可能である。

17　懲戒処分通告書（降格）

懲戒処分通告書

令和○年○月○日

○　○　○　○　殿

○○○○株式会社

人事部長　○　○　○　○　㊞

貴殿は、令和○年○月○日から同月　日までの間、・・・・・（懲戒処分の前提となる非違行為内容を書く）した。

上記行為は、当社就業規則第○条○号及び同△号に該当する違反行為であり、就業規則第×条に基づき、次のとおり懲戒処分を行う。

記

令和○年○月○日付をもって、貴殿を○○から××に降格する。

以　上

（注）「・・・・・」にはなるべく具体的に、懲戒処分に該当する非違行為事実を記載する。

18　懲戒解雇通告書

懲戒解雇通告書

令和○年○月○日

○　○　○　○　殿

○○○○株式会社
人事部長　○　○　○　○　㊞

貴殿は、令和○年○月○日に・・・・・(懲戒解雇に至る経緯・理由を書く)した。

上記行為は、当社就業規則第○条○号及び△号に該当する重大な非違行為である。

よって、当社は就業規則第×条に基づき、本書面をもって貴殿を本日付で懲戒解雇する。

以　上

(注)　上記通知書は、労働基準監督署長の除外認定を得て、即時解雇する場合を想定したものある。予告解雇する場合、あるいは労働基準法20条による解雇予告手当を支払う場合には、その旨を記しておく必要がある。

【付録】 用語解説

用　語	意　味
SNS（エスエヌエス）	Social Networking Service（ソーシャル・ネットワーキング・サービス）の略で、登録した利用者だけが参加できるインターネットのウェブサイトのこと
Twitter（ツイッター）	自分専用のアカウントを持つ利用者が「つぶやき（ツイート）」を140文字以内の短文で投稿する情報サービスのこと
Facebook（フェイスブック）	Facebook, Inc. が運営するインターネット上の SNS
LINE（ライン）	韓国の IT 企業ネイバーの子会社、LINE 株式会社が運営する SNS。インターネット電話やテキストチャットなどの機能がある
Instagram（インスタグラム）	Facebook, Inc. が運営する無料の写真共有型 SNS
ソーシャルメディア	インターネット上で展開される情報メディア
電子掲示板	不特定多数の利用者が自由にアクセスして、記事や意見の書き込み及び閲覧・情報交換・議論等を行える、コンピューターネットワーク上の仕組みのこと
ブログ	ホームページ上に書き込む日記等
ハンドルネーム	インターネットなどのネットワーク上で活動するときに用いられる別名のこと
炎上（エンジョウ）	投稿に対して非難するコメントが殺到することや、言い合いになること
アメーバブログ	株式会社サイバーエージェントが提供するレンタルブログサービス。芸能人や有名人なども多く利用している
Skype（スカイプ）	マイクロソフトが提供するインターネット電話サービス
Google +（グーグルプラス）	Google Inc. が運営する SNS
mixi（ミクシイ）	株式会社ミクシィが運営する SNS。ブログやメッセージなどの機能がある
LinkediIn（リンクトイン）	LinkedIn が運営するビジネス用 SNS
友達申請	ソーシャル・ネットワーキング・サービスにおいて利用者間のつながりを申請する機能。相手が承認すると友達になり、相互に投稿が相手のタイムラインに表示されるなど、利用者相互のやりとりができるようになる

ソーシャル・ハラスメント（ソーハラ）	SNSの利用者間において、SNSを通じて行われるいじめ行為や嫌がらせ行為全般を幅広く指すもの
アカウント	コンピュータやネットワークなどを利用するのに必要な権利のこと
ニコニコ動画	株式会社ドワンゴが提供する動画共有サイト。動画の画面上にコメントが書き込めることが特徴
表現の自由　投稿の自由	集会、結社及び言論、出版等の表現が公権力によって妨げられない自由
忘れられる権利	個人が、個人情報などを収集した企業などに対し、その消去を求めることができる権利
IPアドレス（アイピーアドレス）	PCやネットワーク機器などに付けられた識別番号
スレッド	電子掲示板の中につくられるもので、一つの話題に属する複数の発言や記事をまとめたもの
タイムライン	SNSにおいて、自分の投稿と友人の投稿が時系列に沿って表示される場のこと
フォロー	Twitterにおいて特定のユーザーのツイートを自分のホーム画面に表示させること
ログアウト	自分の身元情報に基づいて利用していたコンピュータに、通信の切断や利用終了を申請すること
ログイン	コンピュータに自分の身元を示す情報を入力し、接続や利用開始を申請すること
アップ、アップロード	データ等を、手元のコンピュータから、ネットワーク上のサーバーに転送すること。通常アップロードを略してアップという。
「いいね」	SNS上において、閲覧者が「好き」、「楽しい」、「支持できる」といった意思を示すための機能（ボタン）。投稿毎に「いいね」数が表示されるので、投稿へのモチベーションにつながる
リツイート	Twitterにおいて、他のユーザーのツイート（つぶやき）を引用形式で自分のアカウントから発信すること
シェア	他のユーザーの投稿を自分のウォールに再投稿することができる機能（本文中に説明あり）
ウォール	Facebook上でユーザーが投稿を行うことができるページのこと
ストーリーズ	Instagramにおいて、24時間で自動的に消滅する短時間の動画や写真を共有する機能
2ちゃんねる	1999年に開設されたインターネット上の電子掲示板。現在は「5

	ちゃんねる」となっている
5ちゃんねる	かつて「2ちゃんねる」と呼ばれていたインターネット上の電子掲示板。フィリピン法人である「Loki Texhnology, Inc.」が運営している
関連検索	検索エンジンにおいて、利用者が入力したキーワードと組み合わせて検索されるキーワードや、関連性の高いキーワードを自動的に表示する機能
検索エンジン	インターネットに存在する情報を検索できるシステム
ついっぷる	Twitterをより使いやすくする各種機能が付いたサービスのこと(2017年10月31日をもってサービス提供終了)
リプライ	特定のユーザーに向けたツイートのこと
公式アカウント	企業等の組織が、SNSを公式に利用する場合に作成するアカウントのこと
炎上マーケティング	意図的に炎上を呼び起こすような過激な発言を行い、企業や商品に関する知名度を高めることを目的とした広告宣伝手法のこと
インストール	コンピュータにソフトウェアを追加し、使用可能な状態にすること
モニタリング	コンピュータの利用状況等を記録、閲覧すること
Pinterest	ウェブ上の画像を共有するSNS
TikTok	ショートムービーを投稿・共有できるモバイル向けののSNS
アプリ、アプリケーション	特定の作業の目的に応じて利用されるソフトウェアのこと。ワープロアプリケーション、表計算アプリケーション等
ウィルス	コンピュータに感染し、被害をもたらすプログラムの一種のこと
スパイウェア	コンピュータに関する情報を無断で収集し、特定の収集者に送信するソフトウェアのこと
ソーシャルメディアポリシー	もっぱら社外に対し、企業のSNSに関する考え方や、従業員のSNSに対する対応等を公表する文書のこと
ハラスメント	嫌がらせのこと。セクハラ、パワハラ等の総称
キャプチャ	PCに表示されている画面を画像としてをそのまま保存すること
アクセスログ	サーバへのアクセスに関する情報を記録したもの
サーバー	ネットワークにつながったコンピュータからの要求に対してデータの提供等を行うコンピュータまたはそのプログラムのこと
プロバイダ	インターネット接続のサービスを提供する事業者のこと
タイムスタンプ	電子データがある時刻に確実に存在していたことを証明する電子

	的な時刻証明書
逆SEO（ギャクエスイーオー）	特定のウェブサイトの検索順位を下げる対策のことである。
ファイルサーバー	LANやWANなどのネットワーク上で、ファイルを共有するために設置されるサーバーのこと
YouTube（ユーチューブ）	Google社が運営する世界最大の動画共有サービス。利用者が動画データを投稿すると、ウェブブラウザなどで再生できる形式に変換し、他の利用者が閲覧できるようにウェブサイト上で公開される。同サービスで自ら制作した動画を公開する者をYoutuber（ユーチューバー）という。
NAVERまとめ（ネイバーマトメ）	韓国のIT企業ネイバーの子会社、LINE株式会社が運営するサービス。さまざまな情報をユーザーが独自に収集して組み合わせ、ひとつのページにまとめてインターネット上に公開している。ただし、当該サービスは令和2年（2020年）9月30日をもって終了している。
サムネイル画像	多数の画像を一覧表示するために、本来のサイズより縮小された画像データのこと
フォロワー	SNSのあるユーザーをフォローしている他のユーザーのこと
まとめサイト	ある話題に関する情報を収集、編集してまとめたウェブサイトのこと
LINEのグループ	LINE上で一定のメンバー同士でメッセージのやりとりをするため、グループをつくることができる
エゴサーチ	検索エンジンを使用して、インターネット上の自分の名前やハンドルネーム等を検索する行為
SHOWROOM	仮想ライブ空間で生配信したり、その配信を視聴することができるサービス
投げ銭	ライブ配信サービスなどで視聴者が配信者に金銭やギフトなどを提供する行為
アフィリエイト	インターネットにおける成果報酬型の広告。消費者がアフィリエイト広告をクリックし、商品等購入した場合、広告を掲載していたサイト運営者に報酬が支払われる。
インフルエンサー	他に大きな影響を与える人のこと。特に、SNSを活用したマーケティングでは、消費者の購買に大きな影響を与える人を意味する。

●判例索引●（年月日順）

◎ 事項索引 ◎

【数字・アルファベット】

【あ行】

【か行】

【さ行】

【た行】

【な行】

【は行】

【ま行】

【ら行】

【わ行】

●著者紹介●

弁護士　**村田　浩一**（むらた　こういち）

2007年　中央大学法学部卒業

2009年　中央大学大学院法務研究科修了

2010年　第一東京弁護士会登録、髙井・岡芹法律事務所入所

2020年　根本法律事務所入所

第一東京弁護士会労働法制委員会委員、経営法曹会議会員

［事務所］　根本法律事務所

〒101-0052　東京都千代田区神田小川町 1 - 6 - 4

新福神ビル 3 階

TEL　03-3251-6600　FAX　03-3251-6655

〔主な著作〕

『変化する雇用社会における人事権～配転、出向、降格、懲戒処分等の現代的再考～』（労働開発研究会、共著、2017）、『実務　Q&A　シリーズ　募集・採用・内定・入社・試用期間』（労務行政、共著、2017）、『実務　Q&A　シリーズ　懲戒処分・解雇』（労務行政、共著、2017）、『現代型問題社員対策の手引（第 5 版）－職場の悩ましい問題への対応指針を明示－』（民事法研究会、共著、2019）、『第 3 版　新版　新・労働法実務相談』（労務行政、共著、2020）、『外国人雇用の法律相談 Q&A』（法学書院、編著）、『使用者のための解雇・雇止め・懲戒相談事例集』（青林書院、共著、2021）、『同一労働・同一賃金の実務と書式』（青林書院、編著、2021）

［本書担当　1 章、2 章Ⅰ 3 － 5 、3 章 3 、5 章 1 ］

弁護士　**大村　剛史**（おおむら　つよし）

2002年　東京大学法学部卒業

2007年　第二東京弁護士会登録、牛島総合法律事務所入所

2011年　髙井・岡芹法律事務所入所

2019年　三浦法律事務所入所（パートナー弁護士）

経営法曹会議会員

［事務所］　三浦法律事務所
〒100-0004　東京都千代田区大手町１-５-１
大手町ファーストスクエアイーストタワー３階
TEL　03-6270-3530　FAX　03-6270-3501

〔主な著作〕

『労働裁判における解雇事件判例集　改訂第　2　版』（労働新聞社、共著、2015)、『１冊でわかる！改正早わかりシリーズ　働き方改革法』（労務行政、共著、2018)、『現代型問題社員対策の手引（第５版）－職場の悩ましい問題への対応指針を明示－』（民事法研究会、共著、2019)、『これ１冊で安心！働き方改革の実務がしっかりとわかる本』『１冊でわかる！改正早わかりシリーズ　働き方改革法』（労務行政、共著、2019)、『第３版　新版　新・労働法実務相談』（労務行政、共著、2020）

［本書担当　４章、５章２］

弁護士　**高　　亮**（こう　　りょう）

2008年　早稲田大学法学部卒業
2011年　京都大学法科大学院修了
2012年　第一東京弁護士会登録、高井・岡芹法律事務所入所
2020年　アンダーソン・毛利・友常法律事務所入所
経営法曹会議会員

［事務所］　アンダーソン・毛利・友常法律事務所
〒100-8136　東京都千代田区大手町１-１-１
大手町パークビルディング
TEL　03-6775-1598　FAX　03-6775-2598

〔主な著作〕

『実務　Q&A　シリーズ　懲戒処分・解雇』（労務行政、共著、2017)、『１冊でわかる！改正早わかりシリーズ　働き方改革法』（労務行政、共著、2018)、『現代型問題社員対策の手引（第５版）－職場の悩ましい問題への対応指針を明示－』（民事法研究会、共著、2019)、『これ１冊で安心！働き方改革の実務がしっかりとわかる本』（労務行政、共著、2019)、『第３版

新版　新・労働法実務相談』（労務行政、共著、2020）、『判例解説　解雇・懲戒の勝敗分析』（日本加除出版、共著、2020）

［本書担当　2章Ⅰ6－8、Ⅱ、3章1、5章4］

弁護士　**渡辺　雪彦（わたなべ　ゆきひこ）**

2005年　早稲田大学法学部卒業

2009年　早稲田大学法科大学院修了

2010年　第一東京弁護士会登録、髙井・岡芹法律事務所入所

2020年　西村あさひ法律事務所入所

第一東京弁護士会労働法制委員会委員、経営法曹会議会員

［事務所］　西村あさひ法律事務所

〒100-8124　東京都千代田区大手町1-1-2

大手門タワー

TEL　03-6250-6200　FAX　03-6250-7200

〔主な著作〕

『労働裁判における解雇事件判例集　改訂第2版』（労働新聞社、共著、2015）、『決定版！　問題社員対応マニュアル～「問題会社」とならないための実務的処方箋（上・下）』（労働調査会、共著、2015）、『実務　Q&Aシリーズ　懲戒処分・解雇』（労務行政、共著、2017）、『現代型問題社員対策の手引（第5版）－職場の悩ましい問題への対応指針を明示－』（民事法研究会、共著、2019）、『第3版　新版　新・労働法実務相談』（労務行政、共著、2020）、『判例解説　解雇・懲戒の勝敗分析』（日本加除出版、共著、2020）

［本書担当　2章Ⅰ1－2、Ⅲ、3章2、5章3］

〈初版執筆者〉

第2版執筆者のほか

米倉圭一郎

SNSをめぐるトラブルと労務管理〔第2版〕

令和3年8月24日　第1刷発行

定価　本体3,200円＋税

著　者　村田浩一・大村剛史・高　亮・渡辺雪彦

発　行　株式会社　民事法研究会

印　刷　株式会社　太平印刷社

発行所　株式会社　民事法研究会

〒150－0013　東京都渋谷区恵比寿3－7－16

〔営業〕　☎03－5798－7257　FAX03－5798－7258

〔編集〕　☎03－5798－7277　FAX03－5798－7278

http://www.minjiho.com/　　info@minjiho.com

落丁・乱丁はおとりかえします。　ISBN978-4-86556-454-9　C2032　¥3200E

本文組版／民事法研究会（Windows10 64bit+InDesign2021+Fontworks etc.）